特色学校聚焦丛书　丛书主编　杨四耕

让每一个生命
澄澈明亮

"小水滴"课程的旨趣与创意

吕　锐◎主编

华东师范大学出版社
·上海·

图书在版编目(CIP)数据

让每一个生命澄澈明亮："小水滴"课程的旨趣与创意/吕锐主编.—上海:华东师范大学出版社,2022
(特色学校聚焦丛书)
ISBN 978 - 7 - 5760 - 2601 - 6

Ⅰ.①让⋯ Ⅱ.①吕⋯ Ⅲ.①课程建设-教学研究-小学 Ⅳ.①G622.3

中国版本图书馆 CIP 数据核字(2022)第 034905 号

特色学校聚焦丛书
让每一个生命澄澈明亮："小水滴"课程的旨趣与创意

丛书主编 杨四耕
主 编 吕 锐
责任编辑 刘 佳
项目编辑 林青荻
特约审读 陈成江
责任校对 邱红穗 时东明
装帧设计 卢晓红

出版发行 华东师范大学出版社
社 址 上海市中山北路 3663 号 邮编 200062
网 址 www.ecnupress.com.cn
电 话 021 - 60821666 行政传真 021 - 62572105
客服电话 021 - 62865537 门市(邮购)电话 021 - 62869887
地 址 上海市中山北路 3663 号华师范大学校内先锋路口
网 店 http://hdsdcbs.tmall.com

印 刷 者 常熟市文化印刷有限公司
开 本 787×1092 16 开
印 张 17
字 数 156 千字
版 次 2022 年 8 月第 1 版
印 次 2022 年 8 月第 1 次
书 号 ISBN 978 - 7 - 5760 - 2601 - 6
定 价 54.00 元

出 版 人 王 焰

(如发现本版图书有印订质量问题,请寄回本社客服中心调换或电话 021 - 62865537 联系)

编委会

主　编

吕　锐

副主编

陈人珊　林　蓝

成　员

陈梦甦　宋斌麒　李正群　孙　杨　潘立珍

欧月清　余明雪　邢增珠　廖树结　黎克科

好学校的性格色彩

这些年,我与中小学、幼儿园有许多"亲密接触"。从这些学校中,我发现了一个"秘密":好学校总有自己的性格色彩,总有自己的精神属性。

好学校有丰富的颜色

好学校一年四季都有风景。春天,你走进它,有各色花儿,红的像火,粉的像霞,白的像雪。夏天,你置身其中,绿草茵茵,就算骄阳似火,也有阴凉。孩子们可以踢球、打滚,可以任性。秋天,你老远就可以看到,枫叶红了,橘子黄了,婀娜多姿。冬天,你靠近它,香樟绿环绕着你,垂柳枝笼罩着你,你不会觉得单调。当然,环境的价值不在于"装扮",而在于让心灵沉静,让生命多彩。它是生命哲学的演化,是内心深处的讴歌与赞美。法国思想家卢梭说教育的核心是"归于自然"——回归"自然状态",回归人之原始倾向。善良总存在于纯洁的自然之中。好学校总是拥有自然的纯净与原始美,它努力让孩子们与美好相遇。静谧,美好——好学校是温润的。

好学校有足够的成色

成色是衡量一所学校教育境界的一个指标,是一所学校的"育人"含金量。如果一所学校的含金量定位为考试成绩,它的成色就是混浊的;如果一所学校的含金量定位为立德树人,它的成色就是清纯的。黎巴嫩诗人纪伯伦说过:"我们已经走得太远,以至于忘记了为什么而出发。"教育是为着我们不曾拥有的过去,为着我们不曾经历的当下,为着我们不曾想到的未来。教育之原点在激发想象,而不仅仅是学习知识;教育之原点在发展理性,而不仅仅是讲授道理;教育之原点在鼓励崇高,而不仅仅是理解规范;教育之原点在丰富经历,而不仅仅是掌握技艺;教育之原点在温暖心灵,而不仅仅是强化记忆;教育之原点在强健身心,而不仅仅是发展智能;教育之原点在点亮人生,而不仅仅是预知未来。回归原点,是好学校的立场。不功利——好学校是纯粹的。

好学校有优雅的行色

优雅是让人向往的,有来源于生命本身的气质。每一个人都行色匆匆,孩子们被课业压得喘不过气来,教师被成绩比较而形成优劣阵营,这样的学校就不会是一所好学校。什么是好学校?孩子们表情舒展,教师们精神敞亮——每到一所学校,我总喜欢以这样的眼光去观察师生的生命状态。我发现,在好学校,孩子们的脸总是明晃晃的,有美好期待;教师的行色总是从容优雅,有专业自信。女孩子清新可人,男孩子风度翩翩,生命在人性层面焕发出动人光彩。一句话,每一个生命都自然而然地生长,这里有一种难以言说的气息在校园里弥漫开来、传播出去。面对此,我只能说:好学校是舒展的。

好学校有鲜明的特色

办学特色是一所学校整体呈现出来的系统性特征,集中表现在基于学校文化的课程体系。学校办得好不好,不在于规模有多大,而在于特色是否鲜明,是否有足以体现自己文化的课程架构。好学校行走在有逻辑的课程变革之路上,努力让学校课程富有倾听感,关注学生的学习需求;拥有逻辑感,建构严密的而非拼盘的课程体系;嵌入统整感,更多地以整合的方式实施而非简单地做加减法;饱含见识感,以丰富学生的学习经历为取向;提升质地感,课程建设触及课堂教学变革,课堂教学呈现出新的文化样态。一句话,好学校课程目标凸显内在生长,课程内容突出学习需求,课程结构强调系统思维,课程实施张扬生命活性,课程评价与管理彰显主体向度。好学校关注学习方式的多变性和场景性、学习时间的灵活性和可支配性、学习空间的多元性与舒适性、学习资源的丰富性和易得性,让所有的时空都成为课程场景,让孩子们学习作品的形成、展示、发布、分享成为校园里最美的景观,让时空展现出生命成长的气息和灵动。是啊,好学校有生命里最美好的记忆。

好学校有厚重的底色

厚重的底色不在于办学时间长短,而在于拥有强烈的文化自信。进入学校,我喜欢看墙上的"文字"。多年经验告诉我，文化不在墙上，很多时候，墙上的文字越多，学校的文化含量越低。道理很简单，大量文字堆放在墙上，说明这种文化还没有被老师们普遍认同，更谈不上内化于心、外化于行；说明这种文化还缺乏影响力，还没有被大众广泛接受，需要宣示和传播。一所学校是否拥有自己的教育哲学，是否拥有自己的教育信仰，是它"底色"如何的重要侧面。毫无疑问，好学校应该有自己的教育信仰。但是，教育信仰不是文字游戏，不是专家赐予的东西。信仰是从内心深处生长出来的，是从脚底下走出来的，是从指尖流淌出来的，是慢慢地生长、慢慢地走出来、慢慢地流淌出来的东西。唯有"慢慢地"才能"深深地"，"深深地"才能"牢牢地"，扎下根来，进入我们的灵魂，融入我们的血液，成为我们生命的构成，成为我们前行的力量。文化总是无言或少言，但让人作出判断和选择。好学校，你一走进去，一种向往感、追慕感、浸润感便油然而生。因此，好学校是柔软而有力的。

美国思想家梭罗在《种子的信仰》一书中把好学校比喻为"一方池塘"，每一个孩子在其中如鱼得水，自由自在，这就是"回归自然"的状态。不是吗？好学校总是这样的——温润，纯粹，舒展，美好，柔软而有力——这也是本套丛书聚焦的一批学校的性格色彩。

杨四耕

2019 年 5 月 30 日于上海市教育科学研究院

目　录

海，于学校，是一种理念的延伸——浸润与诠释；海，于教师，是一种可贵的品质——海泽与心润；海，于儿童，是一种独特的个性——广博与吸收。当海洋成为学校的自然资源禀赋，并作为影响全体师生意识形态的最主要因素的时候，文化便悄然诞生，点滴生长，指引我们聚焦于那一片蓝海……

我们努力，让学校的每一个角落都能焕发海洋的气息，洋溢爱的温馨和向上的活力;我们努力,让每一个孩子都能站在班级的中央,站在学校的中央,成为更好的自己;我们努力,让每一位教师都能在职业中找到自我发展的方向,享受共同进步的喜悦。我们坚信,在走进社会长智慧,亲近自然展灵性的课程航道上乘风破浪,追寻蓝海般纯粹的教育是我们永恒的使命。

第三章　汇聚澄澈灵动的生命之海 / 31

真正的课程是鲜活的,是滋养生命的土壤,是润泽灵性的海洋。最好的课程是成长的,在实践中摸索,在创造中成长。儿童灵性之窗由"小水滴"课程打开,在体验中认识自己、丰富自己、唤醒自己、确证自己,绽放澄澈明亮的儿童世界,汇聚灵动的生命之海,使之更加深远,温润蓝海少年之心田,使之更加澄明。于是,浪花般的课程在生命之海上悄然迸发。

第四章　让课堂教学成为跳跃的浪花 / 73

　　灵动语文、多维数学、理趣科学……这是蓝海课堂跳跃的浪花，晶莹剔透奔涌前进。凝结团队智慧，从学科的视角、教育的视角、儿童的视角创建学科特色，使学科教学有了统领的灵魂和核心，真正把学科素养落到实处，切实把"让每一个生命澄澈明亮"这一理念渗透到大学科的育人情境中。

第五章　社团活动彰显多彩的个性 / 123

　　五彩缤纷的社团课程丰富了儿童的校园生活，孩子们带上好奇与期待，向着心之所想的星辰大海奔赴而来，在学习中体验、探究，在活动中收获、成长。社团课程着眼"好玩"，满足了儿童多元选择，更重要的是在过程要"玩好"，发挥课程整体育人功能，丰富孩子们的经历与见识，激活成长动力。教师在社团活动中不断地增强自己的课程开发及实施能力。社团课程花满枝，再为校园增活力。

第六章　研学之旅，大自然的迷人乐章 / 195

日月星辰，山川河海，春夏秋冬，晨昏雨雪，我们眼中的大自然，简单却又博大，熟悉而又奇妙，一切都在恒久与变幻中不断发展着。当一群生机勃勃的孩童在一方海蓝校园里遇见奇幻的大自然，便奏响了海蓝教育的迷人乐章。这里，山中有烂漫，海里有乾坤，晨有琅琅书声，昏有谆谆教诲。天地做课堂，万物皆老师。相约海蓝之旅，共谱大自然迷人乐章！

第七章　借风帆之力逐浪前行 / 223

没有课程资源的广泛支持，再美好的课程设想，也难成实际的教育成果。不少人认为，课程改革最大的困难就是资源的缺乏。其实，课程资源无处不在，无时不有；巧用资源，贵在选择与创意，只要善于发现、善于挖掘、善于利用，就可以使课程"活"起来，就可以调动儿童的积极性和主动性，从根本上改变学习方式。

第八章　让课程变革乘风破浪 / 239

课程是有价值内蕴的，是学校办学理念与文化精神的真实再现。因此，在学校课程管理中，我们以学校教育哲学为引领，突出课程的文化意蕴；建设课程管理团队，激发学校课程改革活力；建立课程评价体系，指引学校课程高质量发展，掌好课程改革之舵，让学校课程变革乘风破浪。

前　言

　　三亚市第九小学地处三亚海湾,坐落于风景秀丽的三亚湾畔边,碧海蓝天、椰风沙滩、四季如春、风景宜人。学校始建于 2005 年 2 月,是三亚教育一颗璀璨的明珠。

　　在自然与历史的进程中海洋陪伴着人们、海洋文化在祖祖辈辈与海洋的互动中孕育而生。孩子们就如同大海之中的一滴滴水,是独特的生命个体,通过学校教育的浸润,最终在学生心中汇聚成生命之海。

　　我们眷恋那一片"蓝海"。在我们看来,"蓝海"是未知的空间,代表着还未被发掘的世界。"蓝海"不可以凭空找到,需要我们通过对自身的不断探索,方能获取独享的"蓝海",找到新的"蓝海"。

　　我们汲取"蓝海"的核心精神,把握其"未知、未被发掘"的意涵,赋予其教育意义。在我们看来,每个孩子都是一个"未知、未被发掘"的个体,海纳百川,方能打开灵性之窗,激发孩子们构思事物的想象力、探求事物的行动力、认识事物的理解力,让孩子们的潜力最大限度地得到激发和实现。

　　我们透过"蓝海"精神,向孩子们传递一种教育态度、热情,展现的是一种全新的"蓝海"情怀,将本地区祖祖辈辈传承下来的开拓进取精神及大海一样深邃、包容、博大的气质融入孩子们的教育中;通过"蓝海"表达我们九小教育的理想和追求:如同"蓝海"一样纯粹——遵循教育规律,回归教育原点,尊重天性、激发灵性、发展个性;如同"蓝海"一样清澈——培养具有宽广、纯洁、至真、至善、至美的人性。

我们倡导"蓝海教育",追求舒展灵动的教育姿态,坚守让"每一个生命都澄澈明亮"的教育追求,精心设计学校课程、推进有意义的课程实践,让课程理念成为孩子们成长的基石,让孩子们"走进社会长智慧,亲近自然展灵性"。我们用"蓝海"精神濡养儿童的精神内涵,构建体现"蓝海教育"特质的"小水滴课程",让"蓝海"精神在九小孩子的成长过程中弘扬和光大。

为了实现学校育人目标,我校建构了"小水滴"课程体系,形成相对独立又有共通融合的课程架构。本着"横向连接、纵向贯通"的原则,我们将"小水滴课程"分为小天使课程、小博士课程、小达人课程、小创客课程、小健将课程、小文人课程等六个板块。

"小水滴"课程体系是对学校全部育人活动的重建,不仅包含学校自主开发的校本课程,也包含国家课程、地方课程,是国家课程校本化、校本课程主题化、兴趣活动课程化的过程。我们建构"蓝海课堂",提升课程实施品质;我们建设"蓝海学科",丰富学校课程内容;我们创设"蓝海社团",发展儿童兴趣爱好;我们推行"蓝海之旅",丰富儿童学习经历;我们激活"蓝海探究",做实项目学习课程;我们整合"蓝海专题",做实学校德育课程;我们建设"蓝海校园",激活环境隐性课程;我们共建"蓝海联盟",做好家校共育课程。

学校创新课程实践的时空和实施策略,以微课程、短课程、长课程、长短课程相结合等形态,将平面的表述转化为立体的教育教学实践,灵活地展开课程学习,课堂中看见学生,校园中看见课程,操场上看见活动。

"小水滴"课程是一项系统工程,尤其是课程体系整合与发展,涉及全校师生,保证"小水滴"课程建设的顺利进行,需要全校上下统一思想,明确学校发展愿景,确定共同的价值追求,以实际行动开展一场"蓝海教育"之旅程。

第一章

让每一个生命澄澈明亮

　　海,于学校,是一种理念的延伸——浸润与诠释;海,于教师,是一种可贵的品质——海泽与心润;海,于儿童,是一种独特的个性——广博与吸收。当海洋成为学校的自然资源禀赋,并作为影响全体师生意识形态的最主要因素的时候,文化便悄然诞生,点滴生长,指引我们聚焦于那一片蓝海……

面朝大海,观海听涛,这是三亚市第九小学独特的海边自然条件。学校以校本课程为载体,将地域优势转化为教育资源优势,将海洋文化元素融入学校课程建设。我们聚全体老师之力,寻找学校课程的逻辑起点,探索学校课程改革的校本之路、特色之路,为儿童提供促进其发展的学习媒介和知识路径,引导儿童去了解自己生于斯、长于斯的海洋;去认识、感受其深厚的人文地理;去了解、探究其神奇的奥秘;去关爱、保护其丰富的资源……为他们一生的发展,奠定一个坚实丰厚的精神基础。这是一条漫长道路,值得所有的"九小人"用实际行动去探索,去追寻。

第一节　诞生于三亚湾畔的学校

　　南海之滨,国境之南,以椰岛风情闻名于世的海南自贸港正值盛年,年轻而充满热情。我校以海洋文化为灵魂,以海洋资源为体魄,诞生于三亚湾之畔,与海息息相伴,孕育师生的海洋情怀。

一、海洋文化与学校发展

　　三亚市第九小学始建于 2005 年 2 月,是一所洋溢着浓郁海洋文化特色的学校。建校 16 年来,历经首任王秀丽校长和现任的吕锐校长两任校长的领导。学校从最初只有 53 位教职工到今天已有 113 位教职工,从开始只有 18 个教学班共 717 名学生,现已发展到今天 47 个教学班共 2 493 名学生。学校办学规模不断扩大,教育教学改革一直走在前沿,乘风破浪,勇立潮头,海纳百川,砥砺前行,奔驰在新时代教育快车道上,取得辉煌的成绩。一路走来,我们始终与海洋紧密相连,依托海洋资源辛勤播种,努力创造美好的教育。

(一) 创始: 创立"规范＋特色"的品牌

2005 年 9 月 5 日,在三亚市委、市政府的支持下,三亚市第九小学正式成立,美丽的三亚湾畔增添了一道新的风景。王秀丽时任校长。在建校之初,学校制订了《三亚市第九小学五年办学规划(2005—2009)》,以扩大办学规模,提高教学质量,打造"合格＋特色"教师,培养"合格＋特长"的学生为办学目标;以争创市内一流,省内知名的"规范＋特色"的品牌学校为指导方向;以爱国主义教育为主旋律,养成教育为抓手,校园文化为载体,大力推行"学校管理规范化、教学技术现代化、学校环境生态化、学生管理自主化"。优质的教学质量让学校迅速崛起,成为三亚市品牌学校,三亚市基础教育对外展示的窗口学校。

办学宗旨:办人民满意的学校

办学理念:让每一位教师得到发展,让每一个儿童获得成长,让每一位家长感到满意

办学思路:德育为先　质量至上　突出特色　科研兴校

校园精神:团结协作　争创一流

校训:爱国　诚信　自主　向上

教风：爱国奉献　团结协作　严谨治学　精益求精

学风：勤学　善思　自主　创新

校徽：

三亚市第九小学

这一阶段,学校的校徽以三亚的首拼字母"S、Y"组成,包含着阿拉伯数字"9",舞动的红色寓意着红领巾在国旗的引领下迎风飘扬,也蕴含着学校教育在党的教育方针引领下培养爱国、诚信、自主、向上的接班人之意。高起点、高目标、高要求,学校肩负使命,勇往直前,求真务实,脚踏实地推进素质教育。落实以人为本的科学发展观要求,促进学生全面发展,进而培养有理想、有道德、有文化、有纪律的"四有新人"。

(二) 成长: 基于海洋特色的文化自觉

学校从 2012 年起把海洋教育纳入学校文化建设体系,创办海洋文化特色学校,以课题"海洋文化特色学校建设的实践与研究"为抓手,进行海洋特色课程开发的研究,成为海南省首批海洋教育实验学校。

经过三年的实践,学校编写了以海洋为主题的校本教材,开展海洋系列的主题综合实践活动;打造了具有海洋气息的校园文化环境,形成学校特色的隐性课程;编写海洋文化特色校本教材,开设将知识与趣味、课堂与课外巧妙地融合在一起的特色课程;培养师生感知海洋文化、欣赏海洋文化、创造海洋文化、享受海洋文化的能力。我们以海洋文化为特色,以构建学校课程体系为核心,向纵深推进学校特色创建,实现学校的内涵提升和优质发展。"九小人"不断开拓创新,向着

"省内一流,国内知名,国际接轨"的目标奋进。

(三)破蛹:走向海蓝教育的自主变革

2014 年 6 月,吕锐担任校长。吕校长紧跟"创海洋文化特色学校"的步伐,在传承中创新,在蓝天碧海之间追寻文化立校,寻求学校自我突破的路径。经过深入调研与诊断,大家发现,学校校本课程建设和国家课程的校本化相对弱化,缺少系统思考和整体建构;学校课程设置相对传统,地方与校本课程零散;课程逻辑性不够,无法满足学生多样化的学习需求,不能很好地实现与育人目标的对接,无法实现海洋文化的教育价值。基于学校得天独厚的海洋文化教育资源,结合本校学生发展的实际需求及教师基础,我们开始系统构建学校课程体系。这样革旧鼎新之举,就是一次摸着石头过河的尝试。但这样的尝试,却以星火燎原之势,轰轰烈烈地铺开,让我校实现了自我涅槃式的变革。学校将生活与世界作为教科书,让孩子们走进社会长智慧,亲近自然展灵性,将国家三级课程和各类海洋资源进行统整,构建了"小水滴"课程。"小水滴"课程的构建与实施,让学校课程从碎片走向系统,课程运作从管理走向领导,学习路径从统一走向多元。学校的课程建设从最初的自上而下,由课程中心提出策略,外围以点带面实践变革的方式,到自下而上的全员呼应,自觉变革,学校课程改革历经了从零碎走向统整,从单一走向多元的过程。课程变革之路从构建走向实施,从浅表走向深层,趋于成熟。

教育哲学:海蓝精神

办学理念:让海蓝浸润生命

校训:方寸海纳 博学雅行

校风:悦海立人 海润心泽

教风：海涵博爱　春风化雨

学风：笃志博学　扬帆逐浪

课程理念：走进社会长智慧　亲近自然展灵性

育人目标：培养具有海洋情怀和国际视野的社会小公民

校徽：

　　校徽以鹦鹉螺为原型,以水滴为元素,六个小水滴汇聚成一个大水滴,组成数字"9",以小见大,谨遵方寸海纳的精神内涵,小水滴能折射出七彩阳光,也能汇聚成磅礴力量,寓意每一个孩子都是精彩的个体,以及"让海蓝浸润生命"的丰富多彩。数字"9"的运用,使标志识别直接指向"三亚市第九小学"这一整体,"鹦鹉螺"将海洋元素融入学校的视觉识别系统,进一步加强了海洋与学校文化的联系。学校充分发挥文化引领作用,将"海蓝文化"作为立校基石,将"海蓝精神"渗透到学校每一个人的内心,深入到校园的每一个角落,成为滋养每一个生命灵性的海洋。

　　学校始终站在儿童的立场,把一切对儿童有积极影响的元素都纳入课程,将三级课程进行统整,构建了六个板块具有海洋特色的"小水滴"课程体系,即小天使课程、小博士课程、小创客课程、小达人课程、小文人课程、小健将课程。学校创新课程实践的时空和实施策略,以微课程、短课程、长课程、长短课程相结合等形态,从基础型课程、拓展型课程、探究型课程三个维度,将平面的表述转化为立体的教育教学实践,灵活地展开课程学习,让课堂中看见学生,校园中看见课程,操场上看见活动。"'小水滴'课程的构建与实施"荣获 2018 年基础教育国家级教学成果二等奖、省级特等奖。"小水滴"课程实践经验曾多次在国家、省、市课程研讨会上被分享,成为全省推广的课程改革典型。学校先后被授予"全国海洋意识教育基地""国家级青少年校园足球特色学校""全国文明校园""全国少先队先进集体""海南省德育工作先进集体"等130余项殊荣,成为海南基础教育改革发展的标杆与旗帜。

(四)蝶变:提升课程品质的内化与升华

当海蓝文化育人彰显成效之时,"九小人"秉承着勇于开拓、兼容并包的教育精神不断追求自我完善与提升,在课程实践中自我反思。课程变革本质上凸显以人为本的立场,关注学生的健康成长。当学校课程变革在不断螺旋式上升时,当课程发展不断涌入新的元素时,当下育人目标更加开放时,如何实现学生个性发展,如何实现课程的持续发展? 我们在反思内生改革的动力,一场自我内化、升华的变革悄然发生。从整体视角纵观学校的教育哲学,在课程设计蓝图中寻求突破;从课程实践中创新,不断总结、验证,将适切的课程有效整合……我们孜孜不倦地向着理想的课程执着追求,自觉形成革新的课程文化。在原有"海蓝教育"基础上,生长出新硕果——"蓝海教育"。传承与创新,延续与提升,学校的办学特色得到高质量发展,并夯实了全新文化育人基点。

教育哲学:蓝海教育

办学理念:让每一个生命澄澈明亮

校训:方寸海纳 博学雅行

校风:悦海立人 海润心泽

教风:海涵博爱 春风化雨

学风：笃志博学　扬帆逐浪

主题文化：滴水欢歌向海蓝

课程理念：走进社会长智慧　亲近自然展灵性

育人目标：培养品格像大海一样澄澈、学识像大海一样渊博、创意像大海一样奔涌、体魄像大海一样强健的蓝海少年。

蓝海教育聚力于未知，关注儿童未来的发展，让儿童的潜力最大限度地得以激发和实现，是直达最澄澈的纯粹教育。基于"蓝海教育"教育哲学丰富的内涵，诞生全新办学理念"让每一个生命澄澈明亮"，孩子们遨游"蓝海"之中，成为一名品格澄澈、学识渊博、创意奔涌、体魄强健的蓝海少年。

"小水滴"课程在"蓝海教育"文化引领下，以"蓝海社团""蓝海之旅""蓝海探究"等丰富的实施路径，为学生创设一个个生动、灵性、充满探究性的育人环境，将学生学习的小课堂延伸到大社会，从小书本拓展到大自然，不仅满足学生多元化的选择，激活学生的成长动力，还增强了学生的综合实践能力，享受生命成长与自然和谐共生的愉悦。

我们坚信课程发展与学校建设前路是一片蓝海，"九小人"将以开拓与奋进的蓝海精神，一直向前远航！

二、"海洋文化"的教育内涵

学校崇尚"海洋文化"。在我们看来，海洋是人类的精神家园。以海为师，感受生生不息，宽容博爱；以海为友，体验开拓创新，锐意进取。故此，海洋孕育出以大气、开放、智慧与创造为基本特性的海洋文化。近海得益，我校亦从其中汲取营养,从聚焦海洋文化,到构建"海蓝教育",再到拓新为"蓝海教育",致力于打造海洋文化特色,提升办学内涵,形成海洋文化教育品牌,彰显学校特色,成为三亚教育发展进程中一张精致的名片。

(一) 海洋文化是大气的文化

海水者,源源不断也。滚滚涛声是永不停歇的步伐,或是惊涛拍岸,或是大浪淘沙。海洋拒绝墨守成规,拒绝故步自封。海以博大的胸怀,令人敬仰;海以大气之姿,引细流前往。海洋文化教育,旨在让学生走出书本扁平的空间,在丰厚的知识海洋上自由航行。校园洋溢着灵动的海洋文化氛围,给予孩子们心灵的旷达和顽强不屈的学习精神。涛声回响于校园,聆听海之声,谈吐海之韵,则将这份永不停歇的奋斗精神浸润在每一名莘莘学子血液之中。海之师,亦有海的品格。以大海般的包容去爱每一个学生,以大海般的广博去浸润每一个学生,以大海般的大气熏陶每一个学生,以大海般的深远办好群众满意的学校。"方寸海纳 博学雅行"这一校训折射出师生对于"海洋文化"的认同。

(二) 海洋文化是开放的文化

海水不拒细流,故而成汪洋。海以其兼容并包的基因属性孕育出开放的海洋文化,造就出具有海洋品质的海边人。九小位于风景秀丽的三亚湾畔,秉承兼容并包的海洋文化基因内核,创建开放动态的特色海洋文化学校。以传承海洋文化为载体,汲取海洋文化的精神,建设动态、开放、平等、灵动的校园,构建容纳开放、质疑探究、自主合作的魅力课堂,培养学生生动活泼的个性,引导学生自我灵性的生长,是海洋文化教育的最终目的。开放的海洋文化基因,能最大限度激发学生的内驱力。学校对各项活动的制定,首要要求立足于学生发展的需求,以海洋文化为蓝本,让孩子们真正地拥抱大海,在海洋精神的感召下,成为对大千世界时刻保持好奇,拥有无限可能的儿童。

(三) 海洋文化是智慧的文化

海纳百川有容乃大,壁立千仞无欲则刚。包罗万象是大千世界的一种姿态,豁达大度是为人的一种胸怀,海纳百川是海洋文化的智慧所在。以海为邻,则学无止境;以海为书,更知学无定式。海洋文化教育的落实与推进,教学是基础,课程是载体,前进中闪动着教育智慧的光芒。按照海洋文化特色学校建设的思路,我们着力营造海洋主题文化氛围,让学生在海洋文化的熏陶下,培养情趣和爱好;在丰富知识、发展能力、完善人格的海洋课堂文化中养成自由、愉悦、自主、探究的学习个性。在课程实施过程中,学校管理强调动态化、过程化,引导教师不断更新教育教学内容与方法,生成动态化的目标、主题和内容,以海洋文化教育强化思想,让师生在不断的探索与研究中汲取能量,智慧地学习与生活。

(四) 海洋文化是创造的文化

人类与海洋文化的关系,是崇拜,是学习,是挑战,更是创造。人类从对海洋的盲目崇拜,到发现其中内涵,再到创造出海洋文化,是人类文化进步的史诗。海之蓝是人生的底色,创造是民族发展的源动力。海蓝孕育儿童最初的梦想,从根源上激励着一代代弄潮儿去创造、去开拓。以海洋文化为校园精神,重在弘扬海洋品质,在制度文化、行为文化等校园文化上加以体现。独具特色的海洋文化教育,可以触发孩子们对学习的渴望、对生活的热爱和对自然的向往,从而构建人与人、人与社会、人与自然和谐共进的命运共同体。

三、海洋文化的精神特质

海洋文化的精神以力量为核心，以自由为天性，其浓烈的个体自觉意识、竞争意识和开创意识，与学校的育人文化产生深刻的共鸣。故此，我们汲取海洋文化的精神中呈现出的开放兼容、外向开拓和原创进取等特质，融合到教育中，打造学校的文化。文化是一所学校的灵魂，特色是一所学校未来的竞争力。在教育发展的道路上，学校依托"让每一个生命澄澈明亮"办学理念，执着于特色海洋文化教育建设，以海洋文化的精神品质为人文内核，引领师生在更广视野、更高起点、更深层次上理解课程，全力打造文化底蕴丰厚且独具特色的海洋名校，让教育更有力量！

（一）开放性与兼容性

海洋文化是人类在认识海洋，与海洋交流，直至利用海洋的一系列过程中所展开的行为的文化积淀。海洋以其空间上的不固定性和不稳定性，决定了海洋文化的开放和兼容。我校在这一海洋文化精神特质的启示下，遵照"让每一个生命澄澈明亮"的办学理念，传递海洋人文精神，拓宽教育广度，更新德育工作方式，以"蓝海精神"培养学生，使其拥有广博的胸怀、开阔的视野、豁达的品质，实现自我挑战与跨越。同时，影响教师，使其将宽容、接纳的海洋品格带到课堂教学中，营造动态、开放、平等、灵活的氛围，让课堂真正灵动起来。具体落实为：以宽容之心爱每一个学生，用博爱去播种理想；以平等之心爱每一个学生，用关爱去收获成长；以广博之心爱每一个学生，用热爱去影响求知欲。海洋教育之开放，让学生的学习生活得以丰富，为个性的生长和特长的培养构架平台，从而提高学生的综合素质。海洋文化之兼容,净化师生的心灵,开阔师生的胸襟,让师生焕发出蓬勃向上的精神面貌。

(二)外向性与开拓性

海洋生存环境的流动与随机,使得人们在与外界接触时,表现方式更加开放、更自由;在处理问题时更加具有灵活性,敢于冒险,勇于开拓,崇尚用群体的力量去抗难。建设具有海洋文化特色学校,力求让学校的血液里流淌着海洋的养分,以外向与开拓为精神特质的海洋文化,强调拓宽学生的视野,激活学生的热情,触发学生的思路。就学生的创新意识、个性发展而言,海洋外向性与开拓性的特质,与学校教育的结合任重道远,必须坚持不懈、锲而不舍地探索与实践,不断开拓创新,寻觅新的航道。

(三)原创性和进取性

以海为原点的世界观中,唯一不变的准则就是整个世界都在变。在与世界互动的过程中,唯有用求新求变的思维方式才能去适应世界的多样性,用锐意进取的行动力量去分解问题的复杂性。学校以海洋文化为基石,就是要将海洋人文精神在学校建设中体现,在管理中外露,在文化中彰显,在行动中落实,使之与学校管理有机融合,把海洋的创新与进取的精神特质赋予在丰富多彩的课程活动中,积极开展蓝海教育,通过形式多样、生动活泼的海洋教育实践活动,激发学生热爱海洋、保护海洋、探索海洋奥秘的责任感和使命感,让学生在实践活动中学会积极思考与另辟蹊径,巧妙地面对问题,树立自信,做具有海洋品格的学生,从而助推学校海蓝建设,促进学校特色发展,提升学校育人质量。

第二节　让"蓝海教育"成为精神宝藏

有学者认为："学校教育哲学是基于学校实践活动、存在于学校个体情境中的一种观念性存在,是由本体观、属性观、目的观、人性观和实践观组成的结构体系。这一体系所体现出的整体性、创生性、过程性等功能,可以提示学校纠正'碎片化'思维,在教育实践和反思的基础上完善学校教育哲学观念要素,协调各要素关系,使其协同、持续地发挥作用,形成促进学校进步的强大精神力量。从未来发展来看,人们对学校教育哲学的观念要素及其结构体系的认识也必须立足于动态建构,以保持学校教育哲学观念与时俱进的生命力。"①学校的教育哲学是学校发展的强大精神力量,是学校肌体的骨髓,是生命力的根本。

一、作为观念性存在的"蓝海教育"

"蓝海教育"核心文化体系包括教育哲学、办学理念、培养目标、校训、标志等。学校文化于一所学校的意义,犹如灵魂于生命、思想于人类,是一所学校凝聚力和活力的源泉,它是办学实践的指南、课程建设的基础、特色形成的关键和校长成熟的标志。

---

① 沈曙虹.学校教育哲学的观念要素与结构体系[J].教育研究,2019,40(9):87—94.

(一) 教育哲学：蓝海教育

学校教育哲学是学校所信奉的教育思想，是根据学校的现实情境，包括地域文化、师生特点、教学传统等所确定的学校独特的发展方向。

"蓝海"是指未知的市场空间，展开来讲，"蓝色海洋"代表着还未被发掘的市场和用户需求，是经济领域里的"热词"。"蓝海"不是可以凭空找到，创业者通过对自身经营要素不断进行取舍和组合，方可能获取独享的"蓝海"，或者率先找到新的"蓝海"，并率先领游。

我们汲取"蓝海"的核心精神，把握其"未知、未被发掘"的意涵，与教育"面向未来"的本质意义相融。我们认为，每个孩子都是一个未被发掘的个体，只有海纳百川，方能打开灵性之窗，激发孩子们构思事物的想象力、探求事物的行动力、认识事物的理解力，让孩子们的潜力最大限度地被激发和实现。

"蓝海教育"直达最真实的生活教育。生活即教育，社会即学校。学校课程不应拘泥于教材，也不拘泥于教师的教学经验、生活实践，世界万物均可成为课程资源，成为学生个性发展的重要因素。陶行知说："教育是依据生活、为了生活的'生活教育'，培养有行动能力、思考能力和创造力的人。"①走出学校，走向社会，走向世界，拓展学习的广度，开阔视野，灵性思考，积淀智慧，才能成为社会的人、世界的人。

"蓝海教育"直达最被需要的生命教育。生命教育既是一切教育的起点，更是教育的最高追求。生命教育是直面生命和为了生命的教育，其目标在于使人们学会尊重生命、理解生命的意义，以及生命与天人物我之间的关系，学会积极的生存、健康的生活与独立的发展，并通过彼此间对生命的呵护、记录、感恩和分享，获得身心的和谐，从而实现自我生命的最大价值。我校课程注重放飞学生的灵性，

---

① 张宇.培养小学生语言能力的探究[J].新课程：小学，2013(3)：69.

把个体生命发展的主动权还给学生,引导孩子认识自己,接纳自己,欣赏自己;接纳他人,关爱他人、尊重他人;适应环境,爱护环境,珍惜、敬畏所有生命。

"蓝海教育"直达最澄澈的纯粹教育。我们钟情于海洋的那抹蔚蓝、纯粹和清澈,焕发出勃勃的生机。修睦《僧院泉》诗:"澄澈照人胆。"释义:五脏内腑无不可告人之事,澄澈得可照人影。庄子语:心如澄澈秋水,身如不系之舟。① 可见,一个人内心是否"澄澈纯粹"完全可以用来衡量一个人是否具人格健全的重要标准。在当今人心浮躁,失去自我的社会背景下,教育应该承担起培养人格健全、知识丰富的新一代的重任,人格健全为根本,这是教育应有的责任和担当。培养人格健全的人,教育首先应该努力创设育人环境,通过各种各样的显性的和隐性的课程,引领学生发展。教育更应是一扇门,推开它,满是阳光和鲜花,它能给孩子带来自信和快乐,绽放童心、童真、童趣,直达澄澈明亮的精神世界。

(二) 办学理念:让每一个生命澄澈明亮

办学理念是对"办什么样的学校"和"怎样办好学校"等一系列问题的整体认识和系统、成熟的思考,是依据一定的教育理念、教育思想和管理思想,从本校的实际出发而确定学校各项工作的指导思想,是一定的教育思想、管理思想与学校实际的有机结合。②

丰富的海洋资源和美丽的海洋环境是我校独享的特色。在这里,"九小人"每一天都能面朝大海,触碰着那片海蓝带给大家的精神、气质和襟怀。海是知识之海,学习之海,生活之海,更是生命之海……对于世间万物来说,没有比海更辽阔,更伟大的了。它是智慧,广博深邃,学无止境;它是品格,包容博爱,宽广清澈。作为海的儿

---

① 儒风大家.庄子:心如枯槁之木身如不系之舟[J].意林文汇,2016(24):119—121.
② 罗日荣.办学理念——办特色学校的指南针[J].辽宁教育,2013(1X):38—39.

女,我们也要像大海一样,拥有渊博的知识、广阔的胸襟与宏大的气魄,将海洋的品质融入生命,用海的品格去做人处事,让海洋的精神成为幸福人生中最珍贵的精神宝藏。

孩子们亲近大海,以海为伴,每个孩子如同大海般蓝得透明。我们透过"蓝海"精神,向孩子们传递一种教育态度、热情,展现的是一种全新的"蓝海"情怀,将本地区祖祖辈辈传承下来的开拓进取精神及大海一样深邃、包容、博大的气质融入孩子们的教育之中;通过"蓝海"表达教育的理想和追求:如同"蓝海"一样纯粹——遵循教育规律,回归教育原点,尊重天性、激发灵性、发展个性;如同"蓝海"一样清澈——培养具有宽广、纯洁、至真、至善、至美的人性。

二、校训:方寸海纳　博学雅行

校训是学校在长期办学实践中形成的,对全校师生具有规范、警策和导向作用。它能概括学校的整体价值取向、独特气质、文化底蕴,蕴含师生的道德理想、人格特点和历史责任。

方寸海纳:纳:容纳,包容。源于晋·袁宏《三国名臣序赞》:"形器不存,方寸海纳。"[①]意为方寸之地可海纳百川。九小就是这可纳海的方寸之地,仅寸方,然内涵无限延展。它是摇篮,就是孩子们学习、生活的成长之海;它是家园,是孩子们形成习惯、培养品质的育人之海。学校创书香校园,扬海洋特色,形成如海般博大而浑厚的文化底蕴,以海蓝浸润生命。

博学雅行:博,广博,如海般渊博的知识;博,包容,有"海纳百川,有容乃大"的胸怀;博同"搏",具有如海般勇往直前的拼搏精神和创新能力;博同"勃",如海般

---

① Ruby. 臧恒:海纳百川　有容乃大的音乐精神[J]. 东方文化周刊,2016(48).

蓬勃向上的生命力,乐观的生活态度。学,是一种乐于学习、主动探究、追求真理、终生不辍的学习品质。雅,是内外兼修的气质。于内具有博大的胸怀和高尚的情操,于外展现文雅风范。行,是人达到最完美的境界,是知行统一的能力,是良好的行为习惯,是学生实践能力。文明素养、公民责任的外在表现。博是基础,学是过程目标,雅行是精髓,是理想境界。即在传授各种专门知识的同时,促进人智慧的生成和品德的成长,由此增进对社会的关怀,把握奉献的取向文化,最终养成广阔的视野,长远的眼光和广博的胸怀,丰满人的品格。

三、主题文化:滴水欢歌向蔚蓝

主题文化就是由学校文化中最具代表性、最具核心性、最具特色性的文化要素所组成,构成学校的母体语言、文化语境、生命体系和原创精神。

水滴像串串透明的珍珠聚合,凝天地精华而甘美晶莹,纳天地声韵而叮咚作响,一路欢歌跳跃,不论前路曲折坎坷,不管前方困难险阻,不屈不挠、百折不回,众志成城、昼夜不息,奔向江河,涌向大海。这仿佛是人生的写照:前行中的山挡石拦亦如人生历程中的种种磨难;前进中要越过的障碍亦如人们在磨砺中成长;行进中有分有合,但都朝着大海的方向,亦如人生征途也要独立与合作去追寻理想;汇入大江大河终成沧海一粟,亦如生命由出生到壮大最终融入广阔的世界和社会。水滴是江河之源,亦如人生之源。以"滴水欢歌向蔚蓝"作为学校的文化主题,旨在让"海"的精神引领、激励全校师生,应如水滴一样,点滴开始,快乐启程,立足现在,着眼未来,坚持理想不动摇,坚守信念不改变,激昂成长梦想,成为"纳海"之才。

(撰稿人:陈人珊　沈萍　李正群　张玉琴)

第二章

追寻蓝海般纯粹的教育

　　我们努力,让学校的每一个角落都能焕发海洋的气息,洋溢爱的温馨和向上的活力;我们努力,让每一个孩子都能站在班级的中央,站在学校的中央,成为更好的自己;我们努力,让每一位教师都能在职业中找到自我发展的方向,享受共同进步的喜悦。我们坚信,在走进社会长智慧,亲近自然展灵性的课程航道上乘风破浪,追寻蓝海般纯粹的教育是我们永恒的使命。

愿景的意思是所向往的前景。一般来说,愿景是组织中所有成员的共识,对于未来发展目标决策与价值的共识,是所有成员永远为之奋斗希望达到的图景,是一种意愿的表达。愿景概括了未来目标、使命及核心价值,是哲学中最核心的内容,是最终希望实现的图景。①

学校校长、教师、学生、家长共同聚焦于早已植根于心的"蓝海",构建学校课程愿景。这是全体教师的教育梦想,也是孩子们的成长的方向;是一个预见未来的美景,是如海般纯粹的蓝色未来。这个美景给予人奋进的精神,给予人向上的力量。

学校的愿景是实现国内知名省内一流、具有海洋特色的优质品牌学校。我们努力,让学校的每一个角落都能焕发海洋的气息,洋溢爱的温馨和向上的活力;我们努力,让每一个孩子都能站在班级的中央,站在学校的中央,成为更好的自己;我们努力,让每一位教师都能在职业中找到自我发展的方向,享受共同进步的喜悦。

学校在教育实践中努力挖掘海洋文化资源、继承发扬"海边人"的优良品质,积极创造学校教育教学的优势,逐步形成有鲜明个性、独树一帜、成效显著的海洋特色学校,并且用国际化的视野来审视学校教育,提升办学品质。清晰明确的课程愿景激活全体教职工的动力与斗志,在教育教学实践中展现蓝海教师的精神与风采,最终实现学校的办学目标,成就儿童的成长。

—————————

① [美]多尔,[澳]高夫.课程愿景[M].北京:教育科学出版社,2004:4—15.

第一节　走进社会长智慧,亲近自然展灵性

课程理念是课程设计者蕴含于课程之中,需要课程实施者付诸实践的教育教学的信念,它是课程的灵魂和支点。

一、在广阔的天地间自由呼吸

结合我校位于南海之滨的办学条件、海洋特色的办学愿景,以及学生亲海、爱海、知海的情怀等,为了打破传统学科教学与万千世界的藩篱,让儿童在无限广阔的天地间自由呼吸,我们确定了与学校教育哲学一脉相承的课程理念"走进社会长智慧,亲近自然展灵性"。

(一) 走进社会长智慧

"社会即学校"是陶行知先生的生活教育论的一个主张。以社会为学校,处处有教育,社会是我们最好的教材。① 生动鲜活的生活能自然地引发孩子学习的兴趣,其具体、直接、可感性、生动性为孩子的学习提供了轻松、自由的环境和广泛的时间和空间,孩子得以在这个过程中提高认知,学会判断,学会选择。因此,课程必须去挖掘生活的意义、生活的价值,从而帮助学生生成完整的内在经验。课程

---

① 陶行知. 生活即教育[J]. 生活教育,2006(1):12.

不应拘泥于教材,也不应拘泥于教师的教学经验、生活实践,世界万物均可成为课程资源,成为学生个性发展的重要因素。走出学校,走进社会,走向世界,拓宽学习的广度,开阔视野,灵性思考,积淀智慧,才能成为社会的人、世界的人。

(二) 亲近自然展灵性

卢梭在《爱弥儿》中"发现了儿童",所以他相应地提出尊重儿童、顺应自然的教育思想。他提倡在自然的环境中让自然的儿童进行自然地学习。苏霍姆林斯这位教育史上卓越的儿童教育工作者同样在其著作中反复赞扬大自然的教育价值,并将自然教育贯穿于整个教育体系。他认为自然教育的核心就是亲近大自然,包含无穷现象和无限美好的自然世界是儿童理性的永远源泉。他将教育的环境从教室转移到蓝天下、自然中,让儿童在天地间学习、劳动,成为更好的自己,成为具有知识、教养、美德、集体感的共产主义劳动者和接班人。[①]

喜欢自然,探索自然是儿童的天性。大自然是滋养天性的土壤,九小学从中找到了教育的终极目标和理想归宿:让大自然成为滋润儿童心灵的源泉,通过与大自然的深度互动开启儿童精神生命的成长。只有当儿童在无限广阔的天地间自由呼吸的时候,才能使他们获得生命的潜在能量。因此,学校课程必须融入自然,让儿童接受自然的熏陶,维系个体内在的自然平衡,扩展儿童生命发展的自由,实现个人教化的自由。

二、许儿童不一样的未来

"走进社会长智慧,亲近自然展灵性"是学校课程理念,是学校课程的灵魂,它

---

① [苏]瓦·阿·苏霍姆林斯基.把整个心灵献给孩子[M].天津:天津人民出版社,1981:6—8.

是我们对孩子们的承诺,我们期待每一个孩子因此而拥有一个不一样的未来。

(一)课程即生活世界

以生活世界为基点,关注学生的生活,关注学生的交往活动,将学生丰富多彩的生活融入课程,让孩子们走进社会、亲近自然,聆听生命的声音,感受自然的神奇,探寻生命的意义,使学生的生命体验化为课程,使课程真正成为促进生命发展的平台,激发孩子们构思事物的想象力、探求事物的行动力、认识事物的理解力,让孩子们的潜力最大限度地被激发和实现。

(二)课程即灵性舒展

学习活动是主动探索,创造生成的过程,是充满灵性的。课程就是学生舒展灵性的空间,是学生创造奇迹、探索世界的窗口,课程应该放飞学生的灵性,把个体生命发展的主动权还给学生,充分发掘学生自身的潜能,让孩子们心灵内部的灵性充分生成,成为活力四射的少年。

(三)课程即智慧生成

教育的本质就是用他人的智慧孕育学生内在的智慧。课程是让学生尽情释放灵性的过程,与智慧相伴相成。课程点燃儿童的智慧火焰,让儿童从知识学习走向智慧生长,从培养知识人转为培养智慧者。

(四)课程即个性生长

教育是帮助学生成为更好的自己,课程是尊重儿童,倾听儿童内心的声音,激活学校每一个教育元素,促进学生全面发展的同时让个性飞扬,让每个孩子都挑战自我,发现自我,超越自我,许孩子一个不一样美好的未来。

我们认为,在海洋世界里,水滴是海洋中最小、最活跃的元素,孩子们如同大海中的一滴滴水,可爱而有灵性,一水一世界,每个小水滴能折射出七彩阳光,也能汇聚成磅礴力量,因此学校将课程模式冠名为"小水滴"课程。① 我们期待孩子们在六年的学习中,走出教室,走向生活,走进自然,让世界成为学生的教科书,在真实的场景中探索未知,感悟生命,体验美好,希望每一个孩子既有分数,更有人生。

第二节　让每一个孩子成为澄澈的"小水滴"

课程就像一条既有无限风光,又充满惊喜和挑战的航道,教师和孩子不再是被动的接受者,而是这条航线是开拓者,参与者。学校任何一种教育活动的开展,均以"育人"为基础前提。育人目标是学校价值观的集中体现,是学校课程开发与实施过程中,我们期待孩子在品德、体质、智力等方面达到的程度。全体教师在这条航道上追风逐浪,不断思考的过程,得天独厚的海洋资源和国家自由贸易港的开放政策给予我们充分的灵感。"培养品格像大海一样澄澈、学识像大海一样渊博、创意像大海一样奔涌、体魄像大海一样强健的蓝海少年"的育人目标日益清晰,日益坚定,具有海洋意味的育人目标决定着"小水滴"课程的构建、实施、评价必然洋溢着浓郁的蓝海情怀。只有根植于学校本身临海的区位优

---

① 吕锐. 三亚市第九小学"小水滴"课程的构建与实施[J]. 新教育,2018(31):18—20.

势,设计与海洋相关的教育活动,构建起科学合理的课程目标体系,才能让孩子成为真正的"弄潮儿",最大限度地发挥课程的育人功能。让教育回归教育本真,让儿童洋溢着儿童的味道,让蔚蓝成为师生的生命底色,让每一个孩子成为澄澈的"小水滴"。

一、宏观目标:回应党的教育方针

教育方针是国家在一定历史阶段提出的有关教育工作的总的方向和总指针,是教育基本政策的总概括。国家为了发展教育事业,在一定阶段,根据社会和个人两方面发展的需要与可能而制定的具有战略意义的总政策或总的指导思想。

"教育必须为社会主义现代化建设服务、为人民服务,必须与生产劳动和社会实践相结合,培养德、智、体、美等方面全面发展的社会主义建设者和接班人。这是《中华人民共和国教育法》(第五次修改)中明确规定党的教育方针。教育不但要为社会发展的需要培养各级各类的人才,同时也要促进人的全面发展,为社会主义现代化建设服务,为人民服务。[1] 2019 年 7 月颁布的《关于深化教育教学改革全面提高义务教育质量的意见》强调:"坚持'五育'并举 全面发展素质教育。培养德智体美劳全面发展的社会主义建设者和接班人。"[2]面对瞬息万变的时代,不断深化的课程改革,人的全面发展必然成为学校课程建设的目标引领,为此我们必须努力构建"五育"并举的课程体系。

---

[1] 中华人民共和国教育法[J]. 中华人民共和国全国人民代表大会常务委员会公报,2016(1):46—53.

[2] 中共中央国务院关于深化教育教学改革全面提高义务教育质量的意见[DB/OL]http://www.gov.cn/xinwen/2019-07/08/content_5407361.htm[2019 – 07 – 08][2021 – 07 – 08].

作为中国最南端的省份,海南还是中国"一带一路"倡议的战略支点。早在古代,海南就是中国"海上丝绸之路"从东南沿海到东南亚的商贸枢纽,如今依托"生态环境、经济特区、国际旅游岛"几大优势,它也早已经成为21世纪海上丝绸之路战略支点。今天,海南作为自由贸易港,正在发挥独特的地区优势,引进优质资源,全力打造具有国际影响力的美好新海南,这将吸引全球各行各业的高端机构和人才。在这千载难逢的发展机遇中,未来的三亚一定是个国际化高度发达的城市,未来的人才一定要有能力取得全球资源为我所用。随着海南自贸港、自由贸易试验区的建设,我们需要更多地思考今天的学生与未来二三十年后的社会公民之间的关系。立足本土的海洋特色文化,让儿童在生活学习中感受民族文化的魅力,认同并深刻领会了本土的文化,圆融国际视野,拓宽儿童的眼界,才能更好地尊重和了解其他国家地区民族的文化,通过海洋文化的浸润,让每一个孩子具备海洋一样的情怀和品质。

基础教育必须要培养学生成为具有跨文化认知、理解、对话和行动的基本能力的未来世界公民,让世界聚焦三亚,让三亚走向世界!当我们具有了开阔的、全球化的、现代化的教育理念和实施抓手;当我们的师生具有了海洋般宽阔的胸怀、海洋般深邃的智慧和海洋般巨大的潜能时,教育的成功就在面前。未来,曙光已现;发展,时不我待!

二、中观目标: 育人目标的规约

课程的中观目标作为学校育人目标的进一步具体化的体现,包括学校培养目标,还包括课程改革对课程目标的具体要求。就培养目标而言,要依据国家的教育方针、教育目的、社会发展及学校自身的性质等方面来确定,具有较强的方向性和概括性。① 明确学生应具备的必备品格和关键能力,就能从中观层面深入回答"立什么德、树什么人"的根本问题,引领课程改革和育人模式变革。课程目标与全面发展的育人目标不是简单的一一对应关系,而是像大海与水滴一样息息相关、紧密融合。大自然中的每一滴水终将奔向蓝色的大海,"蓝海教育"培养下的每一个"小水滴"也终将成为全面发展的人。

根据当代中国学生核心素养中学生应具备的,能够适应终身发展和社会发展需要的必备品格和关键能力重点,关注学生的学习过程,唤醒学生的学习内力,满足学生个性发展,学校育人目标的具体内涵阐述如下:

1. 品格像大海一样澄澈。六年课程学习宛如自然、轻柔的海风,慢慢地唤醒孩子灵魂深处的真情知、真本性,引导他们向善、向美。在生活上,心胸宽广,关爱生命,在集体中发展自我,勇于担当,进而形成拥有宽厚博大的胸怀,坦坦荡荡的人格魅力。

2. 学识像大海一样渊博。渊博的学识可为行动正确导航,勤于实践才能觅得真知。凝练"蓝海精神",必须以渊博的知识为底蕴,为学以恒,多思善问,勤奋不辍,活学活用,用实践检验知识,成就成长的无限可能,才能让每个学生像小水滴那样晶莹剔透。

3. 创意像大海一样奔涌。学生受到海洋文化潜移默化的熏陶和感染,并内化为积极向上的精神动力,拥有着开拓创新、锐意进取的勇气,求实奋进,拼搏进取,兴趣广泛,勇于探究,才可能拥有创新思维和鲜活的创造能力,培养如浪涛一般热情、自主、创新的灵气之人。

4. 体魄像大海一样强健。以海相伴,扬帆逐浪蕴含着催人奋进的无穷力量,

---

① 张威,唐俊红.课程目标涵义之层面观[J].中国成人教育,2007(17):127—128.

孕育着乐观开朗的品质、坚韧不拔的毅力和永不满足的精神。将海洋生气勃勃的基本特征融入学校教育，培养刚健、活力无限的海蓝少年。

三、微观目标：课程目标的具体解读

课程微观目标基于学科目标的牵引，结合党的教育方针、社会的需求、学习者的需求等确定，具有一定的学校特色。我们一直在不断思考，学校课程该如何进行统整，如何构建才能让育人目标落地？为此，我们根据年段特征、认知水平科学分解微观目标——年级课程目标，它与课程关系最为密切，在具体的课程领域展开，对于目标的落实最具体、最直接。

年级课程目标是指学校育人目标在各年级中的具体解读。根据学校实际情况，我们将"小水滴"课程育人目标细化，并结合学生年龄差异，划分为行之有效的、较为具体、可实施的年级课程目标。（见表 2-1）

表 2-1　三亚市第九小学"小水滴"课程年级目标表

年级	品格澄澈	学识渊博	创意奔涌	体魄强健	
一年级	上学期	遵守学校纪律，在老师指导下逐渐学会态度自然大方，有礼貌，能与同学友好相处。	适应一年级的学习生活，喜欢阅读，有语言表达欲望。并在老师的指导下逐渐养成学习习惯。	喜欢亲近大自然，观察自然，乐于参与家庭生活的事务。	乐于参加各种体育游戏活动，感受体育运动给自己生活带来的乐趣。
	下学期	喜欢参与学校活动，养成良好的卫生习惯，主动亲近同伴。	在老师的指导下进行阅读，能与他人分享心得，能就感兴趣的话题主动表达自己的想法。基本养成良好的学习习惯。	能提出自己感兴趣的问题。愿意与他人合作，在老师指导下，尝试想方法解决问题。	学会1种体育游戏，能够与同学一起玩游戏。

年级	品格澄澈	学识渊博	创意奔涌	体魄强健	
二年级	上学期	能遵守学校纪律；讲文明懂礼貌；自己能做的事情自己做，有小主人意识。	逐步达到二年级文化课程标准规定的要求。能独立阅读，学会聆听，乐于写话，有主动表达的愿望，能清楚连贯地表达自己的意思。	愿意亲近大自然，关注身边的生活，能围绕主题大胆想象与推测，并乐于与大家讨论有趣的问题。	初步掌握简单技术动作，学习正确的身体姿势。
	下学期	能用自己喜欢的方式表达自己对美的感受。	喜欢阅读，并能与他人简单的交流。课堂上能主动思考，发言积极，能清楚连贯地表达自己的意思；提高认知和学习水平。	尝试多角度认识一些常见的自然现象和规律，从中感受科学探究的乐趣。能够搜集自己感兴趣的资料，并进行有目的的整理。	会玩1—2项体育类游戏活动。结交班级里的几个好朋友。
三年级	上学期	注重个人礼仪，能与他人友好合作，积极为班集体做出自己的贡献。	掌握中年级文化课程标准规定的要求。养成良好的预习习惯。养成阅读的好习惯；能讲述见闻，努力做到清楚明白，能说出自己的感受和想法。	能够从生活中提炼自己感兴趣的问题，并能根据收集的信息作出直接推论，具有分析、归纳能力。	掌握简单的技术动作，并乐意向他人展示，在学习中、运动中避免危险。
	下学期	主动与父母沟通交流，体谅父母的辛苦。学会1—2种劳动能力，增强劳动能力。	养成阅读的好习惯；与人交谈时，能认真聆听，边听边思考，有不了解的地方能主动向他人请教、商讨。	寻找校园内、生活中的有趣现象，在学习中增强应对的能力及思维力、探究力。能够利用废旧物品创作。	在日常学习和生活中提高同伴的协调配合意识和团结合作精神。
四年级	上学期	愿意倾听、会与他人分享；养成爱劳动的习惯，生活自理的能力强。	掌握四年级文化课程标准规定的要求。养成良好的学习习惯，有自己的兴趣与爱好。具有默读质疑的能力；能认真聆听、归纳要点、简要转述的能力；乐于表达新奇有趣或印象深刻的内容。	热爱生活，热爱自然，养成独立思考的习惯；能表达自己观点，在学习中增强搜集整理、合作的能力及创新、感悟的能力。	会做简单的组合动作，乐意向他人展示；初步具有正确的运动姿势；有较好的平衡协调能力。

年级	品格澄澈	学识渊博	创意奔涌	体魄强健	
	下学期	能运用美术、音乐等艺术语言大胆想象,创造性的表现。有一定的欣赏美能力。	坚持阅读,有自己的观点并能清楚地表达。会做读书笔记。可以通过喜欢的方式表现所见所闻。能听出他人的表达技巧,并能用语言打动他人。	乐于参与探究学习,了解科学探究方法的一般环节,能在搜集资料时做好记录,能分类整理,并与他人分享。会自主创作。	坚持锻炼的习惯,形成健康的生活方式。树立乐观向上的生活态度。
五年级	上学期	能站在他人立场上理解问题,会感恩、能包容,孝敬父母。	能主动、独立阅读,并做简单批注;能为自己的观点找到支持的理由,发言时有条理,敢于发表自己的意见。	对生活中的新奇事物有探究欲望;具有重整资料、提取有用信息的能力。	通过各项运动,培养学生团结、协作及集体主义精神。
	下学期	懂得在劳动实践中体验,获取美的感受和劳动带来的乐趣。	能应用文化课知识进行策划、制作、表演与展示。能以较快的速度读懂阅读材料;在交流和讨论中敢于提出看法,作出判断,表达有条理。	根据基本的科学原理和经验,设计出选题及方案,并尝试实施。能运用获取的资料写简单的研究报告。	初步掌握运动基本技术和避险方法;初步了解青春期健康知识。
六年级	上学期	能明辨是非,善纳新、敢担当,具有积极向上的人生态度。在集体面前大胆地表现自己,充满自信。	掌握六年级文化课程标准规定的要求。有浓厚的兴趣,能主动、独立地阅读,并做简单批注;能熟练利用工具书、电脑解决问题;与人交流时持有欣赏的态度,并交换意见。	从不同角度思考问题;学会采访调查,分析归纳的方法。在实践中掌握搜集资料的方法,具有独立思考、合作的能力。	了解青春期的卫生保健知识;能够参与2～3项体育特长项目。
	下学期	在劳动实践中获得成就感,初步形成健康的人生观和价值观。	能制定自己的学习计划,能用多种方式阅读材料;交际中积极主动,能在倾听中思考如何解决问题,能结合生活经验即兴发言。	善于合作、善于创作、善于发现问题、提出问题和解决问题。能将所学知识运用于实践,有效提高教学质量。	积极参加体育活动,保持愉快的心情;能用正确的姿势学习、运动和生活。

（撰稿人：林蓝　张芸　栗芳　许静雅）

第 三 章

汇聚澄澈灵动的生命之海

　　真正的课程是鲜活的,是滋养生命的土壤,是润泽灵性的海洋。最好的课程是成长的,在实践中摸索,在创造中成长。儿童灵性之窗由"小水滴"课程打开,在体验中认识自己、丰富自己、唤醒自己、确证自己,绽放澄澈明亮的儿童世界,汇聚灵动的生命之海,使之更加深远,温润蓝海少年之心田,使之更加澄明。于是,浪花般的课程在生命之海上悄然迸发。

基于"蓝海教育"之哲学,我们对学校课程进行顶层设计形成规划方案,从教育哲学到办学理念再到课程理念,一以贯之,对学校课程进行整体规划,构建了六个板块具有海洋特色的"小水滴"课程:小天使课程、小博士课程、小创客课程、小文人课程、小健将课程、小达人课程。聚焦学生的培养目标通过多种途径来实施,建构"蓝海课堂",落实学科基础课程;整合"蓝海学科"落实学科拓展课程;做实"蓝海探究",落实特色项目课程;丰富"蓝海社团",落实兴趣爱好课程;做活"蓝海之旅",落实研学课程;抓实"蓝海节日",落实节庆文化课程……以育人目标的实现为追求,将学校的课程理念内化到每一门课程中,打通人才培养的最后一道关卡,从而真正实现从理念到行动的落实。(见图3-1)

我们将国家、地方、校本三级课程整合,通过开发大量丰富、多元、可供选择的课程资源,让学生在选择当中形成适合自己的学习路线图来实现自己最好的成长。在实施过程中努力做到三个匹配两个100%:一是与学校的育人目标相匹配,二是与学生的兴趣需求相匹配,三是与教师的特长爱好相匹配;实现了教师开课率和学生参与率两个100%。(见图3-2)

上述六大课程板块着眼于学生的学习需求,立足于发现问题、解决问题的基点,利用区域资源,开发学科拓展课程,启发学生的智慧,将国家课程与地方特色文化相融合,灵活安排课程授课时间,合理安排课程内容,发挥思维能力,拓宽学生的视野,体验所学知识的价值,形成良好的学习习惯和意识,有效落实国家课程的学习,让学生在参与和体验的过程中爱学习、善学习、乐学习。每一个板块内容

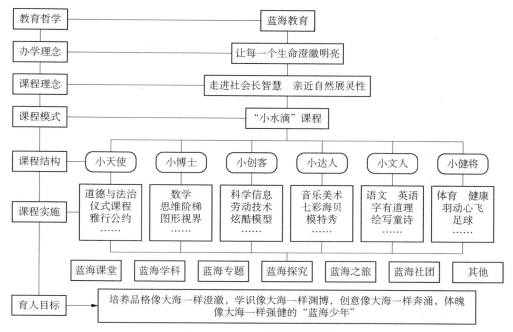

图 3-1 "小水滴"课程逻辑图

图 3-2 "小水滴"课程结构图

相对应承担孩子的某一种品质，切实把"让每一个生命澄澈明亮"这一理念渗透到课程中，既丰富了国家课程，又凸显了学科特色，让课程成为孩子们成长的基石，让"蓝海"精神在九小学子的成长中弘扬和光大。

第一节　以海之蓝塑行之美

小天使课程即自我与社会类课程。小天使课程充分挖掘德育资源，通过节日性的活动、相关职业体验，综合多种教育方法，让学生走进社会、学习知识、开阔眼界，全面提高学生的素质，养成良好的个性品质。小天使课程通过实践体验活动让学生熟知中国传统文化，树立国家意识，增加民族自豪感；通过各种职业体验与常规礼仪的学习，增强规则意识和掌握常规礼仪，能够以礼待人，提升文明文化素养；通过自主学习的探索，使学生进一步认识自己，形成正确的价值取向，拥有正确的理想观，为其将来成为社会有用之人奠定良好的人生基础。

一、小天使课程的整体建构

小天使课程分为节日课程、仪式课程、男生女生课程。（见图3-3）

小天使课程涵盖了道德与法治、卫生与健康、综合实践课程等，结合我校德育发展规划，将一至六年级所涉及的知识内容进行整合。将"假、大、空"的理论，真正演变为贴近生活的体验、认知、感悟。

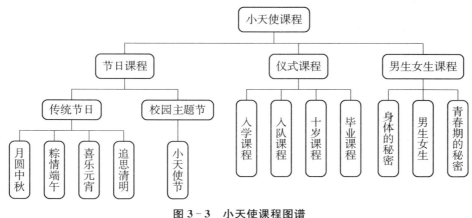

图 3-3　小天使课程图谱

节日课程中的传统节日主要是深度挖掘"四大传统节日"——中秋、端午、元宵、清明节,引导学生亲身感受祖国文化的历史悠久和博大精深,激发学生传统文化意识的觉醒,增强对本民族传统文化的认可与自信。仪式课程是以仪式为载体,其目的是"成长",任何仪式课程都是鲜活的、灵动的,学生在相关课程活动的浸润中更快乐地体验成长的滋味。男生女生课程通过相关知识讲座,让学生不仅仅解开生命中的一些困惑,更加深入地认识自己的身体,坦然面对身心的变化,了解自己的情绪和身体感受,学习表达自我意愿和权利,形成正确、健康的性态度和价值观。

在国家课程整合和实施过程中,课程内容从课本延伸到学生生活的各个领域,教学的场所从课堂延伸到社区和家庭,学校最初的德育特色活动真正走向了课程化,小水滴的形象也日渐丰满起来。依据学生的成长水平,以及满足不同年级、不同层次学生的学习需求,设计出连续性的系列成长课程,从而构建了学生成长的阶梯,形成了从一年级到六年级的小天使课程体系。(见表 3-1)

表 3-1　小天使课程设置表

学期	课程	课 程 目 标
一上	入学仪式	感受入学乐趣,增进集体主义情感,提高文明素养,了解学校的发展和校园文化,培养融入学校、热爱学校、保护校园环境的主人翁意识。
一下	入队仪式	引导从小听党话,爱祖国、爱人民、努力学习、锻炼身体,做共产主义事业接班人。
二上	身体的秘密	通过了解男孩女孩身体的差异,学会尊重自己和别人的身体,形成初步的自我保护意识。
二下	守规则	了解生活中的规则,知道遵守规则的重要性,学会遵守各种规则,培养规则意识,激发主动遵守规则。
三上	校内礼仪	通过学习在校礼仪,细致了解在校礼仪细则,规范学生日常行为。
三下	校外礼仪	运用礼仪指导学习和生活,为走好人生之路,做对社会有用之人奠定良好基础。
四上	红色之旅	从小树立远大理想,坚定永远跟党走的信念,珍爱红领巾,胸怀理想,铿锵前行,时刻准备着,为队旗增光添彩。
四下	我 10 岁了	记住这个具有非凡意义的生日,更加理解成长的意义、更能懂得感恩父母的养育和老师的教诲。
五上	我是海洋小卫士	通过净滩活动,对海洋环境的保护有更深的认识,开始学会思考环境保护对人类的重要性,并能在以后的生活中将环境保护落到实处,能动员身边的人参与到环境保护中去。
五下	走进社区	在家长带领或学校组织下,通过参加可行的、有意义的社区服务活动,真正体会到服务他人,快乐自己。
六上	男生女生	引导了解青春期的生理特点,拥有健康身心,顺利度过人生发展的黄金时间,增强自我保护的意识和自我保护能力。
六下	毕业仪式	通过毕业典礼表达对母校、对老师的感谢之情,对明天幸福生活的憧憬。

二、小天使课程实施策略

　　小天使课程的实施在办学理念指导下进行，这样立足站稳课堂，为课程育人打下坚实基础。小天使课程与生活实践、社会实践相结合，更具有说服力、生命力和持续力，因此要强化道德实践、情感培育和行为习惯养成，努力增强课程的吸引力、感染力和针对性、实效性。以文化熏陶、示范引领、自主探索作为三大实施策略，健全学生心智、人格，为他们奠定良好的人生基础。具体实施如下：

　　1. 文化熏陶。小天使课程中的相关节日课程，通过挖掘其文化，以实践活动为形式，过程中教师引导学生查阅资料、采访他人、收集有用信息，让学生能更准确、更深入地掌握传统节日丰富的文化内涵。通过展示、汇报总结，让学生在活动中增进对中国传统节日的深入了解与热爱。

　　2. 示范引领。小天使课程中仪式课程通过《中国少年先锋队队章》《小学生守则》《中小学生行为规范》等规范要求，由教师或学生示范，让学生自主规范礼貌的行为，更深层次分析对比不同场合或不同国家相关礼节，在展示中把礼仪礼节内化为个人素养。

　　3. 自主探索。小天使课程中男生女生课程通过议一议、说一说、做一做、辨一辨，让学生了解成长中生理、心理的变化，引导学生进一步认识自己，接纳自己，也通过相互学习、合作共享提升学生心理健康水平，增强学生人际交往能力和社会适应能力。

三、小天使课程评价

　　小天使课程中每一个子课程都有三种评价方式，即自评、互评、师评，分别对所学课程进行评价。根据学生实际和发展需要，设定适应孩子发展的评价标准和评价方式，鼓励自评和互评，引导学生通过对照式的同伴互评找优点，明差距，从而客观地认识自我，不断确立新的目标，明确努力方向，共同追求进步。（见表3－2、表3－3、表3－4）

表3－2　节日课程评价表

节 日 课 程			
学生姓名	评价(☆、☆☆、☆☆☆)		
评价维度	自评	互评	师评
详细了解相关节日活动			
体会节日文化内涵			
畅想节日新发展			
体会：			
老师评语：			

表3－3　仪式课程评价表

仪 式 课 程			
学生姓名	评价(☆、☆☆、☆☆☆)		
评价维度	自评	互评	师评
能自律，守规则			
积极参与活动，乐于与同伴交流			

评价维度	自评	互评	师评
自信分享所学所感			
体会：			
老师评语：			

表3-4　男生女生课程评价表

仪 式 课 程			
学生姓名	评价(☆、☆☆、☆☆☆)		
评价维度	自评	互评	师评
掌握身体的奥秘			
我不害羞			
自信分享学习心得			
体会：			
老师评语：			

（撰稿人：刘星宇　廖树结）

第二节　以海之蓝启思之帆

　　小博士课程着眼于学生的学习需求，立足于发现问题、解决问题的基点，利用区域资源，开发学科拓展课程，启发孩子的智慧，将国家课程与地方特色文化相融合，发挥思维能力，体现所学知识的价值，形成良好的学习习惯。通过数学学科拓展课程培养学生科学严谨的思维方式,增强逻辑思维能力,让孩子在参与观察、实验、猜想、证明、综合实践等活动中,学会独立思考,发展合情推理和演绎推理能力,体会数学的基本思想和思维方式;体会数学知识之间、数学与其他学科之间、数学与生活之间的联系,让每个孩子在思考中丰盈自己的智慧。

一、小博士课程的整体建构

依据"小水滴"课程的体系,从数学学科的学习领域着眼,立足孩子逻辑与思维的长远发展,结合学生的现实生活,各年级开发儿童喜闻乐见的一到六年级的"逻辑与思维"课程类型。如"玩转数学""小水滴理财记""图形视界""思维阶梯"。做到内容生活化、形式多样化、教学实践化,促进学生思维素养的提升,培养学生的数学素养。(见表3-5)

表3-5 小博士课程设置表

年级	学期	玩转数学	水滴理财	图形视界	思维阶梯
一年级	上册	魅力数独	生活小管家	图形大变身	奇妙火柴棒
	下册	数海遨游	生活小达人	多彩七巧板	设计小能手
二年级	上册	4宫格	理财小达人	图形的剪拼	绳子中的数学问题
	下册	24点	让消费最优化	美丽的轴对称图形	天平上的数学问题
三年级	上册	6宫格	打折了	趣味"多连块"	我们身上的尺子
	下册	24点	怎么购买合适	寻找捷径	填数游戏
四年级	上册	拍七令	厚惠有期	奇妙的图形密铺	优化方案
	下册	解密中医	理财有道	美丽变换	鸡兔同笼
五年级	上册	9宫格	理财计划	小小粉刷匠	必胜策略
	下册	柯南断案	"销售"的奥秘	趣味拼搭	巧分遗产

年级	学期	玩转数学	水滴理财	图形视界	思维阶梯
六年级	上册	开心计算	小小理财师	数学万花筒	数形结合
	下册	神机妙算	财富体验	图有千千结	抽屉原理

二、小博士课程实施策略

数学逻辑与思维训课课程要生活化、智慧化、灵动化,以思维训练为主线,以学习活动为载体,以培养学生的逻辑思维能力为目的。课堂教学实践中生成的教学形态可以不同于常态课堂,过程不拘一格,但一定要兼顾趣味性、主体性、参与性、发展性、创新性,让学生在灵动、丰盈的课堂中不知不觉中发挥逻辑与思维能力。

1. 实践探究。如何才能使课堂焕发生命的活力、让学生找到学习数学的快乐,唯有在实践探究中让思维动起来才是最有效的课堂。每一堂课的教学,我们都要从孩子的兴趣点入手,创设熟悉的情境,或以学生的疑问为抓手,鼓励他们观察、思考,会问、多问,从问题中找到课程的任务,从任务的驱动中去实践探究,最后在交流分享中达到内化。在探究过程中,要为学生提供可以操作的实践活动任务单或者实践探究指导。尤其注重学生观察能力、动手操作能力、合作交流能力、逻辑思维能力的训练。

2. 绘本研读。数学绘本提供了儿童贴近生活经验场景,体会生活有多有用和有趣数学,可以让孩子感受到数学好玩,数学有用,学会一些简单的数学思想,数学游戏,学会用数学的眼光去看这个世界。因此一至六年级可以根据孩子学生的年龄特点选择数学绘本、数学故事、数学游戏及数学史上的重大事件、数学谜语简单的数学方法，等等。

3. 学以致用。在课程设计过程中，教师必须突破学科界限，设计与现实生活息息相关的综合活动，让数学学习回归于生活。如寒假结合春节置办年货习俗设计"快乐购物"：低段可以给置办年货进行分类，中段可以制作购物清单，高段可以根据各大商场的销售情况设计合理购物等。暑假设计"旅游中的数学"，让孩子结合家庭出游情况，合理安排旅游，节约开支。

三、小博士课程评价

为了保证课程的有效开展和深入推进，课程的评价主要围绕学生学习态度、学科素养、学习方法、活动效果制定评价。评价等级分为三星、二星、一星三个等级。有以下两种评价方法，一是参与性评价，我们根据学生的出勤情况（按时上课、兴趣浓厚），课堂情况（课堂纪律、认真听讲、发言、积极思考、合作等）、完成课堂作业情况（收集课堂资源），反馈学生学习过程中的状态。二是展示性评价，在展示交流中，表达自己的想法；能制作数学学具，详细讲解制作方法。（见表3-6）

表3-6　学生表现评价量表

评价要素	评价具体标准	评价等级		
		★★★	★★	★
学习态度	认真做好学习前的准备，对科目的学习有好奇心和求知欲，有信心，有独立思考的习惯和良好的学习习惯。			
学科素养	1. 低年级：初步形成数感、几何直观和运算能力，初步形成空间观念，发展抽象思维能力，能在教师的指导下，从日常生活中发现和提出简单的数学问题，并尝试解决。			

评价要素	评价具体标准	评价等级		
		★★★	★★	★
	2. 中年级：发展合情推理和演绎推理能力，发展创新意识，能提出一些简单的猜想，初步形成空间观念，实践能力；能够初步辨别结论的共同点和不同点，初步学会整理解决问题的过程和结果。 3. 高年级：发展数据分析观念，初步形成评价与反思的意识，与他人合作的意识。能回顾解决问题的过程，初步判断结果的合理性；在与他人交流过程中，能够进行简单的辩论；能根据解决问题的需要，收集与表示数据，归纳出有用的信息；初步学会与他人合作解决问题，尝试解释自己的思考过程。			
学习方法	在合作交流中会用数及适当的度量单位描述现实生活中的简单现象，对运算结果进行估计；在讨论交流中了解分析问题和解决问题的一些基本方法；在观察、操作等活动中，思考问题，表达自己的想法；在自主探索的过程中了解解决问题方法的多样性；在观察、验证、猜想等活动中比较清楚地表达自己的思考过程与结果；在辩论中大胆表达自己的想法。			
活动效果	拓宽学科知识，有愉悦的学习体验。			
	自主思考，能大方地发表自己的见解。			
	学会与他人合作交往，善于交流。			
	思维能力，解决问题的能力得到增强。			
我的收获：				
家长寄语：				
教师寄语：				

"1＋x"数学课程群的落地与实施，使每位学科教师和学生都进入了一条逻辑思维的学习道路，大家在这条路上可以提出前人未曾提出过的问题，思考那些超

乎传统与想象的数学问题,青睐于思考与推理,碰撞中产生火花、完成自我成长与蜕变,每个学生都犹如一颗颗小小的种子拥有破土而出的力量。

(撰稿人:孙杨)

第三节 以海之蓝践行博创

依据"小水滴"课程整体规划,小创客课程以儿童为主体,本着"实践中体验、体验中感悟、感悟中发展"原则,立足海洋本土特色,源于生活,将儿童的学习从小课堂延伸至大社会,从小课本拓展至大自然。突破传统科学、信息、综合实践、劳动教育的边界,创造更广阔的学习天地,参与实践活动,体会创新乐趣,并掌握利用科学的方法解决问题的能力,感受大自然的美好,激发他们热爱自然的情感,培养"兴趣广泛,善于合作,勇于探究,勇于担当"的"小水滴"。

一、小创客课程的整体建构

小创客课程以儿童已有知识经验为学习原点,从他们熟悉的情境出发,关注探究与日常生活的连接点,采用儿童喜闻乐见、充满趣味的方法,引导孩子探究与自身生活有关的问题或现象,设置"海洋旅行""海洋探索""玩转科学""信息技术""快乐生活"五个板块,让儿童在趣味盎然的探究活动中建构新的认知体系,感受探究的乐趣,帮助他们发现科学规律,掌握科学知识,形成科学态度,树立科学精

神。（见表3-7）

表3-7　小创客课程内容设置表

年级	海洋旅行	海洋探究	玩转科学	信息技术	快乐生活
一	三亚湾之行	海边游戏我擅长 1. 炫酷沙滩城堡 2. 玩转水世界	学做纸飞机 科学幻想画（一）	拼装变变变（一）	自己的事情自己做（整理书包、课桌） 我学会当值日生
二	分界洲之旅	海洋生物我喜欢 1. 我喜欢的海洋生物 2. 海洋生物的家园	生活中的科学 科学幻想画（二）	拼装变变变（二）	我是妈妈的小助手(摆餐具、削水果等)
三	槟榔谷之行	海味特产我知道 1. 三亚小吃面面观 2. 海味特产大调查	生活中科学制作简单的车辆模型	1. 海洋清洁机器人 2. 编程课程入门	红领巾小岗位 自己的衣服自己洗
四	呀诺达之行	海鲜佳肴我拿手 1. 做一道有特色的海鲜美味 2. 做一次海鲜主题的调查活动	建筑模型 种植一种植物	1. 平衡车 2. 编程课程基础篇	淘宝网上购物计划 水滴凳小主人
五	守护红树林	椰风海韵我导游 1. 设计一份"美丽计划" 2. 设计一份旅游攻略	航天模型变变变：用废弃物品制作喜欢的一种海洋生物	编程猫（一） 综合技能机器人（一）	书吧管理员 小交警体验 威武小海军 参观海军基地
六	深海研究所之行	三亚人文我调查 1. 采撷三亚历史 2. 走访置家人	科技活动： A4纸叠高科技小发明	编程猫（二） 综合技能机器人（二）	红领巾小主人 消防紧急疏散演练

小创客课程在全面实施国家课程"科学""信息技术""综合实践"及地方课程"海南生态环境""我们的海洋""劳动技术"的同时，以探索神秘的海洋、奇妙的自然及有趣的生活现象为主题，开发和实施特色体验课程。

【案例1】海洋探究课程内容及活动设计

"海洋探究课程"是小创客课程板块中一个重要内容,深度挖掘海洋文化优质课程资源,依据学生的兴趣点,设计探究活动,把要我学变成我要学,满足学生乐于探究的愿望。(见表3-8)

表3-8　海洋探究课程内容及活动设计

学期	课题	学习目标	课程资源	活动设计
一年级上	我喜欢在海边玩游戏	1. 感受海边玩耍的乐趣。 2. 能够与小朋友友好合作。	三亚湾	1. 活动准备。 2. 交流自己想玩的游戏。 3. 邀请自己喜欢的小朋友一起去玩。 4. 分享交流。
一年级下	炫酷沙滩城堡	1. 感受玩沙的乐趣。 2. 愿意独立思考问题,大胆创作。 3. 初步学会图文结合的形式介绍作品。	三亚湾	1. 活动准备。 2. 大胆想象设计。 3. 邀请自己好朋友一起堆砌城堡。 4. 分享交流,完善设计的小游戏。
二年级上	我喜欢的海洋生物	1. 认识常见的海洋生物。 2. 在他人的帮助下学会搜索资料。 3. 将搜索到的资料用喜欢的方式表现出来。	南海海洋生物视频、图片	1. 欣赏海洋生物的视频。 2. 交流最喜欢的海洋生物。 3. 质疑:关于海洋生物的问题。 4. 学会搜索的方法。 5. 整理资料用自己喜欢的方式表达。
二年级下	海洋生物的家园	1. 感受大海的奇妙。 2. 能大胆想象,较完整地讲述小故事。 3. 学会用图文形式描述想象中的大海。	南海海洋生物视频、图片	1. 欣赏海底世界视频。 2. 交流海洋生物之间的关系。 3. 想象海洋生物之间发生的小故事。 4. 用图文形式编写故事。 5. 交流。
三年级上	三亚小吃面面观	1. 初步学会观察生活,从生活中发现问题。 2. 与别人交谈,态度自然大方,有礼貌。 3. 初步尝试做采访记录。	1. 各种小吃 2. 三亚小吃网上的评价、图片	1. 交流喜欢的小吃。 2. 交流网络评价。 3. 采访游客、厨师。 4. 整理采访资料。

学期	课题	学习目标	课程资源	活动设计
三年级下	海味特产大调查	1. 学会做海鲜美食,并能图文并茂地描述制作过程。 2. 学会观察生活,选择自己感兴趣的问题展开调查。 3. 能够清楚表达自己的所见所闻所感。	三亚市场	1. 准备活动。 2. 交流三亚有哪些特产。 3. 调查:游客喜欢的特产。
四年级上	做一道有特色的海鲜美味	1. 在爸爸妈妈的帮助下尝试做一道美食。并能够用图文结合的形式记录过程。 2. 大方地与同学们交流制作的过程。	三亚市海洋市场	1. 交流自己喜欢的海洋。 2. 在家长的指导下学会购买新鲜的海鲜。 3. 尝试自己做海鲜美食。 4. 用图文结合的形式记录过程。 5. 交流。
四年级下	做一次海鲜主题的调查活动	1. 学会观察生活,选择自己感兴趣的问题展开调查。 2. 能够在调查报告的撰写中清楚表达自己的所见所闻所感。	游客、市民、海鲜销售员、渔民	1. 欣赏海鲜市场的图片。 2. 质疑。 3. 设计调查问卷、采访问题。 4. 选定地点做调查活动。 5. 整理资料、写调查报告。
五年级上	设计了一份"美丽计划"	选择自己喜欢的一个景点,通过自己喜欢的方式了解,并作个性的解释。	三亚各个景点、游客、导游	1. 欣赏三亚各个景点的图片、视频。 2. 交流自己喜欢的一个景点。 3. 走访景点、查找资料。 4. 设计一份美丽计划向别人介绍自己喜欢的景点。
五年级下	设计一份旅游攻略	1. 借助参考资料,作一份详细的旅游攻略。 2. 能够他人合作,赏识别人的优秀作品,并用正确方式表达自己的意见。	网络资料、三亚市地图景点资源	1. 欣赏三亚各个景点的图片、视频。 2. 参考资料、做调查。 3. 为游客设计一份旅游攻略。

学期	课题	学习目标	课程资源	活动设计
六年级上	走访疍家人	1. 学会真实、详细地记录自己的采访。 2. 能够独立完成一份调查报告。	疍家人博物馆 南边海	1. 欣赏疍家风俗图片。 2. 参观疍家人博物馆。 3. 采访南边海居民。 4. 完成一份关于疍家人风俗的调查报告。
六年级下	采撷三亚历史	1. 学会通过各种方式收集整理材料。 2. 了解三亚历史文化、变迁，懂得美好的生活是一代又一代三亚人创造的。	三亚民俗博物馆 三亚史	1. 欣赏三亚不同年代的照片。 2. 走访三亚历史文化名人。 3. 根据主题采访为三亚做出贡献的人们。 4. 撰写调查报告。

【案例2】快乐生活课程

结合家庭、学校的资源，充分挖掘在地资源，从日常生活劳动、生产劳动和服务性劳动中的知识、技能与价值观几个方面设置内容，把六年划分为低段、中段、高段，劳动项目难度逐级递进，帮助儿童树立正确的劳动观念，学会自理自力，自己的事情自己做，参加力所能及的劳动；学会自律自主，自己管理自己，自己当家、主动劳动；能够自立自强，乐于劳动、增强社会参与意识，做乐生活，敢挑战的小当家。（见表3-9）

表3-9　快乐生活课程内容及活动设计

模块课程	小课程	学期	学习目标	课程资源	活动设计
生活小能人	自己的事情自己做	一年级上	1. 学会文具分类来整理书包，按每天课程表准备课本。 2. 学会叠衣服和叠被子，自己整理自己的物品。	书包 被子 衣物	1. 看课程表来整理自己的书包，懂得将课本、作业本和文具分类整理。 2. 回家和妈妈学习叠衣服和叠被子，争取得到好评。

模块课程	小课程	学期	学习目标	课程资源	活动设计
			3. 锻炼动手能力和自理能力。		3. 收集过程视频和班级同学分享，制作体验卡交流。
	我学会做值日生	一年级下	1. 学会一项在学校或班级里适用的劳动技能。 2. 学会按时间值日并能完成好值日任务。 3. 劳动成果得到老师的一次肯定。	班级教室劳动用具	1. 班主任老师布置值日任务（擦黑板、扫地、擦窗⋯⋯）。 2. 学生根据自身能力领取一项值日任务。 3. 两周后就值日表现学生间先进行评价，班主任总结。 4. 班主任对于优秀值日生进行表彰，不足的方面多多指导，学生分享心得。
	我是妈妈的小助手（摆餐具、削水果等）	二年级上	1. 学习分担简单的家务活，锻炼动手能力。 2. 通过学习简单的家务活训练自己做事有条理，培养耐心和细心。 3. 具备身为家庭成员的责任感。	餐具水果	1. 回家和妈妈学习如何摆餐具、小水果等简单的家务活。 2. 每天分担至少一件简单的家务活并得到家长的肯定。 3. 制作体验卡，将学习家务活的过程照片、自己的心得还有家长的评价记录下来。
	自己的衣服自己洗	二年级下	1. 学会使用适量的洗涤剂清洗自己的衣物。 2. 知道内衣、外衣还有深色、浅色衣物分开洗。 3. 做到自己的衣服自己洗。 4. 学会安全使用家电，会用洗衣机洗衣服。	衣物家电	1. 回家先观察妈妈洗衣服的过程。 2. 在妈妈的指导下自己洗衣服或使用洗衣机洗衣服，大胆尝试，将疑问和家长交流。 3. 让妈妈给自己清洗的衣物做评价。 4. 分享心得。
	淘宝网上购物计划	四年级上	1. 学生了解网上购物的一般流程，知道购物过程中应该注意的地方。 2. 结合淘宝实际操作，让学生讲练结合，学习网购流程。 3. 为学生将来能够独立开设网店打下基础。	网络资源	1. 了解电子商务。 2. 了解网上购物的利弊。 3. 收集常用的购物网站的网址。 4. 尝试网上购物。

模块课程	小课程	学期	学习目标	课程资源	活动设计
职业小达人	小交警体验	五年级上	1. 通过亲身体验"岗位"更加了解到警察叔叔工作的辛苦和重要性。 2. 增强他们内心的自我安全意识和文明参与交通意识。	家长资源	1. 在交警叔叔的带领下，来到违章处罚中心。告诉"小交警"们要做文明公民，要提醒爸爸妈妈遵守交通规则。 2. 参观智能交通控制中心。 3. 抢答常见图标表示的意思，常见的交通手势。 4. "小交警"们正式上岗。 5. 交流小交警体验活动的感受。
	走进法庭	五年级下	1. 走进法院，并亲身体验庭审，接受直观形象法律学习教育。 2. 通过参观、体验，零距离地感受到法律的庄严和阳光公正，从而敬畏法律、遵守法律。 3. 通过模拟法庭，懂得做一个知法、懂法、守法的合格小公民。	家长资源	1. 了解法律的来源，认识法学的发展史和古今中外的法学家，加深对法律的理解。 2. 参观法院的诉讼中心、审判庭、少年法庭、立案大厅、羁押室等。 3. 在审判庭和少年法庭里，解说人员向师生们具体介绍庭审的流程和审判中审判长、人民陪审员等工作人员的职责与作用，并且指导孩子们在现场模拟法庭上的各种角色，使大家进一步感受法律的神圣、公正与严肃。
	威武小海军参观海军基地	六年级上	1. 通过参观，了解舰船的构造。 2. 了解舰船驾驶舱，懂得海上救护知识。 3. 了解南海局势。	家长资源 社会资源	1. 了解舰船的构造。 2. 舰船驾驶舱，学习海上安全知识。 3. 了解南海局势。
	辩论赛：南海、钓鱼岛维权	六年级下	1. 学会通过网络收集、整理材料。 2. 尝试开展辩论赛，与人交流时能做到大方、自信。 3. 通过辩论，懂得岛屿在海权方面担任的重要地位。	网络资源 学校资源	1. 调查收集关于南海（钓鱼岛）问题的相关资料。 2. 以外交官召开记者招待会的形式，利用自己掌握的资料进行提问和解答。 3. 针对南海（钓鱼岛）问题进行热烈的辩论。

模块课程	小课程	学期	学习目标	课程资源	活动设计
红领巾小主人	班级服务岗	三年级上	1. 通过朗诵、小品，以及歌舞等，使学生真切地感受到做班集体的主人是多么有意义的事，从小培养学生热爱集体的精神。 2. 通过活动增强班级凝聚力，希望出现更多为集体服务的好少年。	少先队队会	1. 队仪式。 2. 讨论：我们能做哪些家务劳动呢？ 3. 讨论：如何在生活中做一个勤劳的好队员？ 4. 诗朗诵《勤劳之歌》。 5. 活动结束部分。
	校长小助理		通过参与学校常规工作加强主人翁意识，发挥小主人作用。		1. 校门口迎接学生。 2. 参与值日工作。 3. 监督检评常规工作。 4. 收集及反馈学生对学校管理、教育等工作的意见和建议。
安全小使者	小学生安全常识	三年级上	1. 通过一系列的知识性的活动，让学生们树立安全意识，从精神上远离安全隐患，加强自身的素质培养。 2. 提高学生安全意识，使学生学会一些自救的方法，让学生在遇到危险时能采取一定的措施保护自己。 3. 让学生了解交通、活动、意外事件中必备的安全知识，懂得安全的重要性，并把自己学到的知识传达给周围的人们。	网络资源家长资源	1. 观看视频，找出学校存在的一些安全隐患。 2. 评价同学们在社会公共场所的表现，提出建议。 3. 讨论如何安全出行。 4. 我们经常说要讲究卫生，今年的四月份是我国的第23个爱国卫生月。可是，仍然有个别同学不注意，观看小品《食物中毒》。 5. 俗话说，水火无情。当火灾发生的一瞬间，我们不能惊慌，要沉着冷静，采取一些有效的方法来保护自己，让自己安全逃生。让我们一起来朗读小诗《火灾逃生十三诀》，让它为我们的生命保驾护航吧。
	消防紧急疏散演练	六年级上	了解火灾造成的原因。	学校资源	1. 观看近几年火灾案例，了解火灾造成的原因。 2. 学习消防安全知识（逃生注意事项）。 3. 学会灭火器的使用。 4. 消防紧急疏散演练。

二、小创客课程实施

小创客课程本着"实践、体验、创新、发展"原则,立足本土特色,挖掘海洋教育资源,从儿童实际出发,引导儿童学会发现问题,乐意与别人合作,能倾听他人意见,大方有条理地提出自己的看法,并掌握科学的方法解决实际问题,体会创新乐趣,提高生活智慧。

1. 坚守儿童立场,落实课程育人。遵循学校"蓝海教育"文化体系,坚守儿童立场,遵循儿童身心发展规律,以儿童为学习的原点,更以儿童为学习的终点。强调身心参与,注重手脑并用,关注儿童的学习需求、个性发展及全面成长。充分发挥小创客课程的育人功能,以学增智,以劳树德。

2. 关注儿童生活,挖掘区域资源。生活是最好的教科书,眼前发生的一切就是最好的学习。小创客领域课程立足儿童的实际生活,尊重学生的情感体验,根据儿童的探究需求挖掘区域海洋、生态、人文等课程资源,创造真实的学习情境,引导学生应用所学的知识解决实际问题。在生活中学做事,在做事中学做人。

3. 引导质疑思辨,提升创新能力。在探究活动中设置驱动任务,让儿童在真实情境中发现问题、提出问题、分析问题、解决问题。在实践活动中,让儿童经历"学习——质疑——实践——思辨,再学习,再质疑,再实践,再思辨……"的学习闭环,经历知识的"内化——迁移——运用"过程,经历学习真实发生的过程。使儿童对自然、对生活、对知识始终保持积极探索的态度,质疑思辨的态度,从而增强儿童的创新能力。

三、小创客课程评价

小创客课程评价能有效激发儿童探究的兴趣,激发个性发展,促进综合素养提高,从而课程内容要全面化,评价方式要多元化。小创客评价分探究课程评价和生活课程评价两个部分。

1. 探究课程评价。探究课程评价设计关注科学知识、科学技能的评价,又有对学生探究态度、探究精神的评价。评价方式上要求做到过程性评价与学习成果终结性评价相结合,自评、互评、师评相结合。(见表3-10)

表3-10 探究课程评价表

评价内容	评 价 指 标			评价方式		
	一阶	二阶	三阶	自评	互评	师评
参与热情	少有举手发言,较少参与讨论与交流	能举手发言,有参与讨论与交流	积极举手发言,积极参与讨论与交流			
合作情况	参与讨论、工作,并对最终成果进行了评价,对评价过程只是旁观	帮助协调,推动整个小组的工作,鼓励其他成员。工作至最后一刻,对最终成果有一定的贡献	团结合作,在小组中起领导作用,吸收接纳并能给出建议,并帮助其他小组成员,贡献大			
搜集证据	学会搜集证据	能够根据调查计划,在学校环境中开展调查,搜集一定的调查数据,得出初步的调查结果	尝试在开放的社会环境中针对感兴趣的社会现象进行调查;能够对调查数据进行多层次的整理和分析			
交流汇报	在同伴的帮助下,能够与人沟通,参与调查获得有效信息,愿意记录调查内容	在调查中能与别人沟通,获得大量信息,主动记录调查内容	在调查中善于与别人沟通,能获得大量信息,且信息内容全面,有记录有报告。能反思活动中的不足,不断调整研究方向			

评价内容	评价指标			评价方式		
	一阶	二阶	三阶	自评	互评	师评
实践作品	能用图文结合的形式描述研究过程和结果	能够利用图文结合的形式清晰而准确地表达自己的想法	以多种形式清晰而准确地表达自己的想法			
成果展示	倾听他人意见	能倾听他人的想法，并从中找到可以汲取的部分	借助询问、重复他人的谈话等技巧来理解他人的意见			

2. 快乐生活课程评价。我们坚持发展性、过程性、多元性、差异性原则，以具体的积极性评价为主，以评价为导向，贯穿课程始终，做到有学习、有任务、有落实、有评价，让评价发生在每个当下，让教师和学生成为共同的学习者，促进生活课程高质高效实施。创新评价方式，线上线下评价相结合，融合新媒体，宣传展示学习果实。如：课程的展示部分，老师们常常会结合孩子们的生活，将他们参与劳动的经过拍照记录下来，做成美篇、抖音短视频等上传至宣传平台"晒一晒"。（见表3－11）

表3－11　快乐生活课程评价表

评价项目	评价标准	评价分数（每项5分）			
		学生自评	家长评价	同伴评价	教师评价
情感态度	积极参与活动				
	主动提出问题或表达想法				
	积极克服困难，解决问题				
合作交流	主动和同学配合				
	乐于帮助同学				
	认真倾听同学发言				
	对班级和小组的学习做出贡献				

评价项目	评价标准	评价分数(每项 5 分)			
		学生自评	家长评价	同伴评价	教师评价
学习能力	学会多种方法搜集、处理信息				
	活动方案完整,有创意				
	活动方式多样				
实践能力	积极动脑、动口、动手参与其中				
	关注社会、环境意识				
	善于利用有效资源				
成果展示	有感想,能用图文结合等形式描述研究过程和结果				
	表演、汇报、倡议、新闻发布会等				
	成果有创意				

我对自己的评价:

小伙伴对我的评价:

签名:

爸爸妈妈对我的评价:

签名:

老师对我的评价与激励:

签名:

回头看看,我的感想:

综上所述,小创客课程聚焦创新的育人目标,分解落实课程目标,同时与各课程板块形成课程合力,共同指向跨学科课程总目标,指向学校育人追求。在课程学习过程中,儿童的视野引向课外、引入社会、亲近自然,从自己想要了解的问题入手,主动学习、主动探究。在亲身经历的"海洋课程"学习过程中,思维在学习过程中激荡,思考的习惯在实践中养成。亲海、爱海、知海的种子悄然无声地扎根于学生的心灵。

　　在经历科学探究、创意编程、劳动技能学习过程中,思考逐渐成为学生创新的能量。2019 年海洋意识现场会上,我校学生创作的海洋主题游戏吸引了参观的大小朋友,每年由学生自发开展的研究性学习项目越来越多,校园洋溢着浓浓的探究氛围,科学素养、信息素养在活动中见长。科技特色成为学校教育一张亮丽的"名片"。各项赛事也获得不俗的成绩,2017 年至今,每年我校荣获科技类的奖项至少 100 人次。

（撰稿人：林蓝　欧月清）

第四节　以海之蓝悦艺之美

　　小达人课程是基于本土海洋特色来开展,涵盖音乐、美术两大内容的拓展课程。课程内容紧密结合海洋文化特色,以提高学生的艺术素养为目的,结合海滨城市的地域特点,从题材选择、表现形式、成果评价等方面,满足儿童个性化需求,使儿童获得"创造、表演、欣赏、交流"的能力,从而提升儿童的综合审美素养。

一、小达人课程的整体建构

　　小达人课程以儿童为本,遵循儿童的认知能力及学科特点,结合本校教师的专业特长,开设音乐美术学科融合拓展课程,使学生擅唱、爱跳、乐弹、会画、能说,让更多的学生因爱好而选择艺所长,乐所学,充分培养学生的艺术个性发展。在课程设置上,分别根据学生的身心发展特点,分学段对应拟培养学生的能力点设置相应的课程。如:低年段课程设置注重体验感受,中年段注重实践与表现,高年段注重学生基于基础知识的延伸与探究。从感受——参与——创新三个方面层层递进,紧密围绕学校特色文化进行多维度的展开。

　　在音乐领域里主要是围绕"以海润心""润心舞动""琴音润心""润心濡性"四个主题开展,培养学生的综合音乐素养,满足个性化需要,开发和培养学生的潜能和特长。其中,低年段主要是培养学生的兴趣爱好,发展个性特长;中年段主要是培养学生大胆自信的音乐表现力;高年段主要是发展和培育学生的音乐素养。美术领域里包含绘画与生活、实践与创新两个方面。根据不同年龄阶段孩子的发展特点,通过开展多样的社团活动以促进多元发展。让学生用双眼去发现、用心去体验、用手去创造生活中的美。低年级以图像识读和美术表现能力为主,培养学生的创作能力;中年级以学习体验和创意实践为主,培养学生的创意思维,增强学生的创新实践能力;高年级以审美判断和文化理解为主,教学中多让学生用眼睛去发现,培养学生敏锐的观察能力,实现学生对美术作品的深层解读。从而开发了"沙飘画舞""琼音戏韵""七彩海贝""石上花开"等课程。(见表 3-12)

表 3-12 小达人课程设置表

年级	学期课程	音乐		美术	
		海洋歌曲	音乐与文化	绘画与生活	实践与创新
一年级	上学期	小小一粒沙	海贝舞蹈	吸管画	纸盘世界
	下学期	大海摇篮	飞舞的节奏	创意瓶子坊	色彩大玩转
二年级	上学期	海边的童话故事	小海豚合唱团	叶影记意	创意黏土
	下学期	看大海	小海豚合唱团	彩色折纸	色彩大玩转
三年级	上学期	大海的故事	琼音戏韵	丝网花艺	七彩海贝
	下学期	海边的童话时光	琼音戏韵	丝网花艺	七彩海贝
四年级	上学期	我心中的大海	管弦乐	艺美童话	石上花开
	下学期	想看大海的女孩	二胡	艺美童话	石上花开
五年级	上学期	大海也是我的家	印象椰岛	水墨飘香	沙飘画舞
	下学期	水珠与大海	印象椰岛	水墨飘香	沙飘画舞
六年级	上学期	海这边海那边	黎族印记	基础素描	皇帝的新装
	下学期	小小沙	黎族印记	基础素描	皇帝的新装

二、小达人课程实施策略

小达人课程的实施以培养学生的学习态度、学习方法为切入点,在实施过程中针对不同课程的主题,教师拟定学生通过本课程学习获得的能力开展过程性方案。具体实施策略如下:

1. 做好充分的准备。教师课前要充分了解学生的学情,制定好教学目标,教学重难点,了解学生原有的知识基础和生活经验,设计符合学生认知规律的学习活动,并有针对性进行具体指导。

2. 激发学习兴趣。在短暂的 40 分钟的课堂教学中,教师应做到充分挖掘学生的兴趣点,调动学生的积极性、主动性、创造性,把课堂交还给每一个学生。让每一个学生充满热情,饶有兴致地参与课堂的活动,从而收获的不仅是学科知识,更是学科的思维能力。

3. 尊重儿童个性。小达人课程是一门注重提升学生的人文素养和拓展个性的学科,尤其需要一个充满个性,活力无限的课堂氛围,孩子们在充满激情的课堂中生生互动,火花迸发。

4. 注重习惯培养。学生在课堂中的学习习惯是在学习实践活动中形成正确的、稳定的学习行为。"好的学习习惯是成功的一半。"教师要重视对学生课堂习惯的培养,为学生提供持续发展的学习空间。

三、小达人课程评价

小达人课程评价从学生的"学习态度""艺术素养能力""学习方法""活动效果"四个方面来综合考量学生在课程学习上的习得。评价采用课程教学部评价、教师评价以及学生自评的形式,让评价多维度、多视角地展开。(见表 3 - 13)

表 3 - 13　小达人课程评价表

评价指标	评价具体标准	评价分数(每项 10 分)		
		课程部评	师评	自评
学习态度	音乐类:保持良好的演奏姿势,按要求调整歌曲的演唱状态,能自信大方地展现肢体律动			
	美术类:准备好相关材料,能按老师的要求展开绘画创作			

评价指标	评价具体标准	评价分数（每项 10 分）		
		课程部评	师评	自评
学科素养	低年级（1—2）：完整表现歌曲，用肢体动作表现音乐，进行简易的绘画创作 中年级（3—4）：能演唱当地的戏剧——琼剧，用乐器演奏简易的乐曲，运用生活中的材料动手制作呈现有主题性的艺术作品 高年级（5—6）：初步形成评价与反思的意识，能通过相关的艺术体验活动拓展对当地民俗音乐文化的认识。尝试发挥想象，结合与海洋相关的材料石头、细沙，自主展开艺术创作			
学习方法	音乐：能通过模仿、感受表现歌曲展现肢体动作，能通过小组合作探究完成乐曲的演奏			
	美术：能通过观察、动手、想象和动手探究发挥艺术创造力			
活动效果	通过观察、模仿以及探究合作，从两个领域的学习中提升学科素养			
	能自信大方地和老师、同伴、家人分享自己的学习经历和成果			
	通过课程学习善于发现生活中的美，并借助生活中的材料进行创作，实现学习的迁移运用			

综上所述，小达人课程为孩子们的成长发展铺设多条艺术跑道，从而激发孩子们的创作灵感，让孩子们在课程的跑道上体验艺术的成长，做一个有情怀、有灵气、有创意的"小水滴"。

（撰稿人：黎克科　陈静茹）

第五节 以海之蓝润言之味

小文人课程以儿童活动为中心,旨在提升儿童的语言文字运用水平。课程秉持开放而有创新活力的理念,注重跨学科的融合和在地资源的挖掘与利用,不断拓宽语言文字学习和运用的领域,扶助儿童语言生命的生长,引领语言自我发展,让语言成为儿童想象力、创造力的栖息地,进而提升儿童的语言表达水平。通过课程的开发,挖掘儿童的表演天赋,增强孩子的自信心,提升儿童的内在品质、内涵素养,达到外有口才、内有素质的效果,使得活泼开朗、乐于表达的性格在课程活动中悄然形成,成为敢说、善说,语言表达能力强的蓝海少年。

一、小文人课程的整体建构

小文人课程整合语文、英语等国家课程,是国家基础课程和学科拓展课程的有机结合。课程基于校情、学情、师情,以多元智能理论为依据,以教师、学生、课程三者共同发展为目标,予以创造性的建构,构建听、说、读、写、演为一体的课程体系,最大限度地丰富学生的学习体验,实现课程功能的最大化,提升学生核心素养。

在语言素养提升方面,我们立足于学校内涵与特色发展,结合学生的成长需求和学科优势,课程主要从"海蓝阅读""海蓝表达""海蓝写作""海蓝实践"四个方向着力进行,多方位为学生的语言素养提升铺设坚固之石,满足不同年级、不同层次学生的学习需求,既落实国家基础课程的学习,又形成具有校本特色的课程群,让语言润泽生命之海的底色,让语言能力的形成过程飘着香,温润蓝海少年之心田。(见表3-14)

表3-14 小文人课程设置表

年级	学期	课程类别	语文	英语
一年级	上学期	海蓝阅读	《小威向前冲》《我们的身体》	绘说绘演多维阅读1级
		海蓝表达	绘声绘色	
		海蓝写作	你说我写	
		海蓝实践	趣味故事	英语小歌曲
	下学期	海蓝阅读	《爷爷一定有办法》	绘说绘演多维阅读2级
		海蓝表达	趣说故事	
		海蓝写作	读写绘	
		海蓝实践	趣味语文	英语小歌曲
二年级	上学期	海蓝阅读	《盘古开天辟地》《一片叶子落下来》	绘说绘演多维阅读3级
		海蓝表达	童心慧语	
		海蓝写作	看图写话	
		海蓝实践	剧本表演	英语小游戏
	下学期	海蓝阅读	《逃家小兔》	绘说绘演多维阅读4级
		海蓝表达	说说有趣的动物	
		海蓝写作	看图写话	
		海蓝实践	剧本表演	英语小游戏
三年级	上学期	海蓝阅读	《鼹鼠的月亮河》《魔法师的帽子》	绘说绘演多维阅读5级
		海蓝表达	小主持人	
		海蓝写作	片段描写	

年级	学期	课程类别	语文	英语
		海蓝实践	我爱故乡	英语趣配音 玩转英语字母 法语 日语
	下学期	海蓝阅读	《别了,欢河谷》	绘说绘演 多维阅读6级
		海蓝表达	身边小事	
		海蓝写作	多彩日记	
		海蓝实践	字有道理	英语趣配音 玩转英语字母 法语社团 日语社团
四年级	上学期	海蓝阅读	《青铜葵花》 《獾的礼物》	绘说绘演 多维阅读7级
		海蓝表达	拍卖会	
		海蓝写作	笔下生花	
		海蓝实践	灵性少年海岛行	英语戏剧 英语小导游
	下学期	海蓝阅读	《海底两万里》	绘说绘演 多维阅读8级
		海蓝表达	小导游	
		海蓝写作	笔下生花	
		海蓝实践	灵性少年海岛行	英语戏剧 英语小导游
五年级	上学期	海蓝阅读	《鲁滨逊漂流记》 《木偶奇遇记》	绘说绘演 多维阅读9级
		海蓝表达	超级演说家	
		海蓝写作	妙笔花开	
		海蓝实践	灵性少年海岛行	英语戏剧 英语小导游

年级	学期	课程类别	语文	英语
	下学期	海蓝阅读	《小英雄雨来》	绘说绘演 多维阅读 10 级
		海蓝表达	辩论社	
		海蓝写作	妙笔花开	
		海蓝实践	灵性少年海岛行	英语戏剧 英语小导游
六年级	上学期	海蓝阅读	《童年》《红岩》	绘说绘写 多维阅读 11 级
		海蓝表达	走进革命岁月	
		海蓝写作	妙笔花开	
		海蓝实践	手抄报	英语绘说
	下学期	海蓝阅读	《尼尔斯骑鹅旅行记》	绘说绘写 多维阅读 12 级
		海蓝表达	中外文学名著	
		海蓝写作	妙笔花开	
		海蓝实践	走进科学	英语绘说

二、小文人课程实施策略

　　小文人课程的建设,通过合并同类项的方式对课程加以统整。依据学情、师情,分年级、分学期实施,为学生提供可选择的个别差异性课程,关注学生的个性化需求,促成学生有差异的发展,让不同兴趣、能力、需要的学生各得其所,伸展自我的灵性。拓开学习的广度,开阔视野,灵性思考,积淀智慧。课程实施的过程是主动探索、创造生成的过程,是充满灵性的。让学生在课程中尽情释放自己思维感受的过程,是与智慧相伴生成的。课程实施的过程将孩子的智慧火焰点燃,让孩子从知识学习走向智慧生长,从培养知识人转为培养智慧者,同时促进教师专业化的横向发展。

1. 开展专门培训,确立课程主题。保证本课程建设与发展的顺利进行,首先需要老师统一思想,明确学校发展的愿景,确定共同的价值追求。学期初,学校课程中心进行专门的课程培训,以课程建设,开展一场"灵性教育"的旅程,一切以学生发展为核心,从语言与表达的角度进行集体备课,通过跨学科、跨领域的方式,集思广益,确立以儿童生活为中心的不同课程主题,使课程内容结构化。以主题为引领,撰写课程纲要,使课程内容情境化,课程活动可视化。

2. 构建灵动课程,促进双向成长。结合学校"小水滴"课程,老师们通过课程建构,打造与课程理念相融相通的灵动课程。在课程实施过程中,秉承真实性、过程性、生成性、发展性的原则,用灵性思想培育孩子们的核心素养。强调在真实生活情景下对学生的学习、成长、发展进行评价,重视小文人课程实施过程中常态的、静态的因素,关注动态变化,关注教师对本课程的自主构建和应用及对课程活动的不断调整,倡导学生在课程活动中自主合作探索,追求动态、开放、平等、灵活的课程,让教育回归自然,让学习真实发生,增强学生的语言表达能力,让海蓝精神与学生灵性成长融为一体,培养灵性少年,打造卓越教师团队。

3. 实践反思并行,深化校本课程。小文人课程的实施,立足于课内,以活动的形式丰富学生学习体验,在活动中获得知识和能力,举一反三地运用到课外,在实践中深化学科知识,增强语言能力。本课程历经几年的时光,在课程实践中不断反思,总结经验,使师生的知识向横向发展,能力向纵深发展。在实践与反思的并行中,优化校本课程,完善学科课程体系。

三、小文人课程评价

小文人课程以学生活动展开教学,课程的实施过程是一个动态的过程,是师生互动、生生互动的交流过程,课程在活动中不断扩张、衍生、生成。为了保障本课程更有效实施,该课程从课程纲要的撰写、课程的实施过程、师生的成长变化等不同角度入手,设计可操作、可视化、可调整的课程评价。

1. 评价内容。我们主要从学生参与课程的状态进行评价。这是一个动态的评价,关注学生的学习情绪是否愉悦,是否积极主动参与,是否乐于合作、探究,语言表达能力是否真正得到增强。同时,我们综合课程实施整体情况,结合课程检测结果,针对目标的达成及学生的总体表现进行定性定量的评价。

2. 评价方法。评价方法主要有三:一是课程观察法,我们将课程观察评价与课程活动紧密结合,观察、了解学生参与的状态,对其进行记录,并加以整理和分析,从而作出积极反馈。二是量表评价法,它是事先确定好需要进行评价的指标,并给出评价的等级。三是课程调查法,我们向学生、家长询问一些简单的问题,了解学生对课程的喜爱程度,根据学生、家长的实际反映,作出相应的改动。(见表 3-15)

表 3-15　学生表现评价量表

评价要素	评价具体标准	评价等级		
		★★★	★★	★
出勤率	按时参与每次社团活动,按照 90%、60% 的出勤率评定等级			
学习态度	认真做好活动前的准备,态度积极			
活动参与	学习认真,积极主动,参与热情高,专注度高,善于思考,乐于交流			
小组合作	主动承担学习任务,敢于提出自己的想法,善于合作探究			
活动效果	拓宽学科知识,有愉悦的学习体验			
	热爱阅读,主动与他人分享阅读的乐趣			
	自主思考,能大方地发表自己的见解			

评价要素	评价具体标准	评价等级		
		★★★	★★	★
	学会与他人合作交往,善于交流			
	语言表达能力得到增强			
我的收获:				
家长寄语:				
教师寄语:				

从"无"到"有",小文人课程之路走得艰难,但我们始终以"蓝海"情怀,积极借鉴先进学校课程开发的宝贵经验,从学校实际出发,齐心协力,在实践与反思并行中,优化课程体系。路漫漫其修远兮,吾将上下而求索,以此表达我们对"蓝海"教育的追求,使孩子得法于课内,得益于课外,获得可持续发展的动力,彰显九小的育人目标:培育具有海洋情怀和国际视野的社会小公民。

（撰稿人：余明雪　邢增珠）

第六节　以海之蓝健体之魄

为了更好地帮助学生在体育锻炼中享受乐趣、增强体质、锤炼意志、健全人格,促进学生身心健康全面发展,落实立德树人根本任务,树立"健康第一"教育理念,强化"教会、勤练、常赛",构建科学、有效的体育与健康课程教学新模式,帮助学生掌握 1 至 2 项运动技能,促进小学生运动能力、健康行为、体育品德等核心素养的形成。小健将课程从关注学生的个体不同需求,促进健康成长为目的去构建,小健将课程的开发,帮助学生有效锻炼、掌握技能、增强体质、促进身心健康与人格健全;不断培养学生顽强拼搏、积极进取、勇敢坚毅等坚强意志。

一、小健将课程的整体建构

小健将课程是对国家课程和地方课程进行再加工,使之更符合本校和学生需要。在每个年级的课程中,我们围绕学校课程内容和学生能够参与的实践活动,架构了多个项目,这些项目是根据学生兴趣需求意向,结合可利用的课程资源情况来开发建设的。结合一至六年级学生的身体、生理、心理等特点,充分利用各个趣味方式让学生在健体中得到快乐。(见表 3-16)

表 3-16　小健将特色课程

学期	小课程	学 习 目 标	课程资源
一上	绳采飞扬	通过跳绳练习,让学生了解跳绳形式多样,并掌握跳绳的基本动作。 初步掌握运球的动作,通过各种运球走的游戏,进一步培养学生的球感。 运用比赛形式,更有助于培养学生团结合作意识和竞争意识。	图片、视频、器材
一下	快乐跳跳	指导学生初步掌握跳跃的方法,发展学生连续跳跃的能力。 学生在游戏中掌握跳绳技术动作,发展学生的耐力、弹跳、灵敏和协调素质。 通过教学使学生掌握滚翻正确技术动作,发展学生灵巧、协调和平衡素质。	图片、视频、器材
二上	篮球游戏	通过游戏的形式,初步掌握小篮球的抛接,拍运简单的方法和技能。熟练球性练习,学会单双手原地运球。	图片、视频、示范、讲解

学期	小课程	学　习　目　标	课程资源
二下	篮球	使学生初步掌握行进间运球,胯下运球,胸前传接球等技术方法。培养学生篮球兴趣,锻炼学生身体。	图片、视频
三上	羽毛球	初步了解羽毛球的基本动作。增强体质,提高学习效率,在集体项目与竞赛活动可以培养与同伴友好相处和团结、协作等集体主义精神。	图片、视频
三下	羽毛球	强化对羽毛球运动的喜爱,对学生发展速度、力量、灵敏和协调素质,促进身体机能水平提高。培养学生对羽毛球活动的兴趣,以及勇敢顽强、机智果断、遵守规则、互敬友爱等优秀的品质。	图片、视频、书
四上	足球 1	初步学习足球基本技术及原理,发展学生上肢力量。培养学生不怕苦、团结协作的精神。	图片、视频、专家指导
四下	足球 2	强化对足球运动的喜爱,发展学生速度、力量和灵敏等身体素质。提高学生对体育锻炼的积极性。	图片、视频
五上	帆船 1	认识组件和学会装船的能力,培养学生的团结合作、互相帮助的良好习惯。	实体帆船、图片与视频
五下	帆船 2	培养学生抗拒胆怯的心理,养成独立出海、乘风破浪、遨游大海的个性,独立驾驶小帆船的能力。	实体帆船、图片与视频
六上	跆拳道 1	初步学习跆拳道基本技术及原理;发展学生上下肢力量;培养学生顽强拼搏、坚毅果断的意志品质。	图片、视频
六下	跆拳道 2	强化学生对跆拳道的喜爱;增强学生身体的快速反应能力及身体的灵活性和协调性。培养学生沉着、冷静、机智、果断等意志品质。	图片、视频

二、小健将课程实施策略

小健将课程实施应围绕孩子们的生命体验,使学生们在体育运动中获得不一样的内心之旅和生命感悟。根据学生兴趣需求,经过教师们边开发边实践、边反馈边调整,以达到学校课程内容丰富,实施方式多样。

1. 以趣促练。各种体育教学实践表明,青少年的学习动机、兴趣、意志、性格及情感等因素中,兴趣是体育项目学习最好的老师。为了让学生有更多的兴趣选择,学校专门开设了社团课,通过前期的调查了解,掌握学生的兴趣爱好,再结合学校的教学资源情况,进行分析整合,开设了以下课程:海精灵足球、乒乓球、羽毛球、基础篮球、田径、有趣的跳棋、象棋小伙伴、中国象棋、五子棋、武术、帆船、跆拳道等,促进学生经过六年的小学学习生活,能够掌握1至2项自己最感兴趣的运动项目,增强自身的身体素质,达到终身体育的目的。

2. 以乐激学。体育学科在实施过程中受项目多、场地、器材等因素的影响与其他的学科有所不同,体育运动的学习要让学生在玩中学、乐中练、学中悟,在悟中提升自身对体育运动的认识,为能达到全员参与,必须要从学生的兴趣爱好方面入手,在学习过程中去激发其兴趣,采取自学、分组合作、全体参与等不同的教学组织形式,结合生活实际,采用激发兴趣、趣味好玩、形象生动、游戏竞赛等教学手段,激发学生的学习积极性,促使学生全身心投入到体育课堂中去,在和谐民主的课堂氛围中,进一步增强了学生对体育运动的兴趣。

3. 以赛促训。为了提升学生学习参与体育运动的积极性,增强学生体育综合身体素质,在每年11月份的小健将节上,每个年级都会进行各种形式的展示表演比赛,如一年级"韵律操",二年级"花式篮球操"、三年级"羽毛球团体赛"、四年级"海精灵足球联赛"、五年级"帆船赛"、六年级"跆拳道操",以及四至六年级的"游泳公开赛"和"田径趣味运动会",等等。活动的开展,更加激发了学生的体育学习热情,在活动中,学生享受了激情和快乐,友谊得到了升华;在比赛中勇敢拼搏、团结协作的品质得到了培养,让学生在运动中体验,运动技能得到增强!

三、小健将课程评价

评价是提升课程品质重要手段。根据小健将课程的学习目标及发展,建立多元的评价标准,学生是学习的主体,以育人为本,充分发挥学生在课程建设中的主体地位与作用,在教学过程中"以评促建",从学习态度、运动素养、团队意识等三个方面通过学生自评、互评、教师评价,有计划、有步骤、有成效的建设特色科目,帮助学生改进体育的学习,养成学生积极参与体育锻炼的运动习惯,促进学生运动水平的提高,以终身受益。(见表 3 - 17)

表 3 - 17　小健将课程评价标准

评价	标　　准	等次		
		优秀	良好	合格
学习态度	能够认真听老师讲解技术动作,积极主动练习并向老师请教			
运动素养	熟知本学科的发展史及所学的技术动作;正确掌握基本技术动作并可以应用自如			
团队意识	团结互助,积极主动参与活动并能通过与他人配合完成活动			

小健将课程是在国家课程实施的前提下,根据学生的兴趣及需求,结合学校的教学资源情况构建的校本课程,是对国家课程的有力补充;通过小健将课程的建设,推动了学校体育运动健康的向前发展,在课程中"小水滴"们得到了滋养和熏陶!

（撰稿人：林师能）

第四章

让课堂教学成为跳跃的浪花

　　灵动语文、多维数学、理趣科学……这是蓝海课堂跳跃的浪花,晶莹剔透奔涌前进。凝结团队智慧,从学科的视角、教育的视角、儿童的视角创建学科特色,使学科教学有了统领的灵魂和核心,真正把学科素养落到实处,切实把"让每一个生命澄澈明亮"这一理念渗透到大学科的育人情境中。

主张是什么？词典上的解释是：主张即看法，即见解。将之延伸至教育领域，教学主张就是教师对教学是什么和怎么样教的意见，是教育思想、教学理念的具体化，也是个性化的教育思想和教学理念。九小学在对课程改革深入研究的实践中，逐步摸索出更加符合自己的教学特色，构建"蓝海课堂"的教学模式，提炼"蓝海学科"的教学主张。学校每一个科组针对本学科的学科教学特点进行研讨交流，全面深入系统的实践反思，在大量的课堂教学实践中经验总结，提炼出各学科的教学主张，使得我校的学科课堂教学有了统领的灵魂和核心。教学主张不仅凝聚教育教学的精神，提升教育教学的品质，还提挈教师生命的成长及专业的发展。我们将不断探究实践，检验教学主张的合适性，让理论因实践的精耕细作而熠熠生辉，实践因理论的深思熟虑而博大厚重。

第一节 "灵动语文"的美妙

灵动的语文教育来自丰富的学习资源，来自深刻的思想，来自自由的生活。真正的灵动语文教学生成在课堂中，生成在师生的思维碰撞中，生成在学生的对话中，逐步解决语文学习中的问题。

一、"灵动语文"的理论溯源

语文是一门学习语言文字运用的综合性、实践性的学科。工具性与人文性是语文学科的基本特点。① 语文学科的工具性，旨在使语文学习的内容及体验更为丰富、本真，在生活中学会运用语文学科知识解决问题。人文性着眼于学生人文精神的发展，展现学生的独特感受，发挥学生的创造才能。工具性与人文性的统一，可以提高学生的语文学科水平及人文素养，培养具有灵性的少年儿童。

人是万物之灵。人在语言环境中，经过一番学习、磨炼、洗礼之后，才能成为万物中的最美。根据语文教育的价值取向和战略取向，九小学致力于打造灵动的语文课堂，给予学生一个适切的学习环境，将学生塑造成为具有灵性的人。为此，我们提出"灵动语文"的教学主张。

"灵动语文"是一种理念，也是一种追求。灵动语文教学是指教师摒弃灌输式的教学模式，从学生的实际需求出发，为学生营造"聪明的语言环境"，引导学生在学习体会中，大胆放飞灵性，敢于表达自己的观点，乐于创造新观点，在群体的学习中解决语文知识与技能等的问题，从而快乐地分享彼此的经验与智慧，实现资源共享，提升合作水平，在合作中理解、建构、内化知识。

"灵动语文"课堂是以学生为本的课堂，它是科学、高效的课堂；是把话语权留给学生的课堂；是启迪学生思维的课堂；是师生间发生心灵对话的课堂；是师生主动探索新知识的课堂；是教师教得轻松，学生学得愉悦的课堂；是学生展示个人灵性的课堂。

---

① 中华人民共和国教育部. 义务教育语文课程标准(2011年版)[M]. 北京：北京师范大学出版社，2011：2.

二、"灵动语文"的主旨阐述

"灵动语文"的本质是容纳开放,价值引领。它既是多元的,又是目标明确的课堂,是立足于生本思想基础,唤醒课堂回归,将课堂还给学生,是扎实朴素、互动生成、智慧生长的课堂,是从实效—高效—灵动的梯次推进的课堂。

从学生的角度而言,"灵动"意味着学生的个性独特,充满活力,在学习活动中敢于创新,富有创造的能力。"灵动"是学生在学习中自主探究,合作分享,自由开放,智慧生成,充满激情;"灵动"是以人为本的教育理念,以儿童为课堂中心的教学思想,尊重学生的主体地位、生命价值。

从教师的角度而言,"灵动"是教师在专业领域里主动、善于探索,并用自己所探索的知识通过巧妙重组、舍取,点燃学生的智慧之火。"灵动"是指教师在课堂中,学会倾听、尊重、宽容,并达成智慧生成,实现教学相长,与学生共同成长。

从课堂的角度而言,"灵动"是学生乐于交流、分享知识的场所,是师生共同解决问题的生命场,是师生协同发展的生命场,是师生情感得以升华的智慧生命场。灵动的语文课堂是开放、平等、和谐、灵活的语文课堂。灵动的语文课堂关注学生的生命成长,关注学生的学习动态生成,关注学生的思维创新,关注学生学习探究中的本真,关注学生旧知识与新知识获取的联结,为学生构建一个丰富知识、发展能力、完善人格的课堂。是促进师生知识的增长、水平的提高、情感的升华。

三、"灵动语文"的课堂模型

依据学校办学理念其本质特点,"灵动语文"课堂以"预、导、评、练"来构建"灵动语文"的课堂模型。

预——自学自究，提出疑问。以学生的预学为基点，培养学生的自主学习习惯，让学生在预学中善于思考，在思考中学会采集资源、分享资源，在合作中解决学习中的问题，为课堂学习打好基础。

导——组织调控，点拨提升。紧紧围绕让学生学会学习和创新这个中心，设计丰富灵活的学习活动，针对重难点适时点拨，鼓励学生勇于分享自己的所学、所思，并主动与小组合作，进行探究新知识，使学生掌握学习的方法，提高学习水平。

评——落实目标，达成共识。从学生预学中提出的问题出发，汇集问题，充分利用小组合作的效力，碰撞思维之花，力求问题在课堂的合作交流中逐步得到解决，进一步拓展相关的知识，深化对新知识的理解与巩固。

练——展示学习，提升水平。课内检测与课外拓展相结合。课内针对学习中的重要内容，精选典型题目，适量、分层地让学生进行限时练习；课外围绕单元主题，设计形式多样的综合实践活动，组织学生进行有针对性的拓展训练。

根据这四要素构建了灵动语文的课堂模式。在实践中，灵动语文的课堂模式逐渐成为语文教师的教学形态，并革新语文教师的备课思路，弱化课堂上教师的话语权，学生的主体地位逐渐被重视，并成为教研活动中研讨的一个重要方向。

四、"灵动语文"的操作策略

"灵动课堂"是师生共同活动的最基本的生态环境。从灵动的角度看，课堂中师生应过着一种自觉、自愿、自然的生活形态。学生是学习的主体、自我发展的主体，是课堂教学生态的主体因素。教师应最大限度地给予学生亲历学习的时空，调动学生的学习主动性。

（一）"灵动语文"立足于"三点一体"的研课模式

随着课程改革的深入推进,学习资源的整合成为教师教学中具备的专业素养,即教师要对教材有创造性的处理,能从大量文化和教材中汲取精华舍去不需要的部分,又能根据所需适当增补,然后将两者重新组织构建梳理。在集体备课中,结合三点一体的备课模式挖掘教材、补充教材,准确把握教材的知识点,根据知识点,找寻可行的相对应的训练点,基于学生的需求及教材的特点,进行可见的、易操作的课外拓展。

1. 知识点的挖掘。提取知识点是研究教材的第一步,也是最关键的一步。知识点的挖掘是否精准,关系到一堂课是否科学、高效。因此,挖掘知识点需要教师深入研读教材,具有专业的教材挖掘能力,深厚的专业文化功底。

2. 训练点的落实。训练点是落实知识点的手段、策略,能引导学生在学习活动中快捷、有效地把握知识点,巩固知识点,并内化为自己的知识,使之成为学生自己的学习策略,为终身学习打下扎实的基本功。

3. 拓展点的延伸。结合学科的特点,在单元背景下,围绕主题设计综合实践活动。针对学生学习实际进行有目的的拓展训练,拓宽学生学习的视野,提高学生的综合实践水平,让单元情感目标在活动中落地生根,促进学生对情感的内化,唤醒学生的感动力。"三点一体"研课使教学研究从零散走向系统,从随机走向主题化。

"三点一体"的研课过程是教师集体智慧共生的历程,首先由个人备课,基于自己的见解撰写教案,再到年级备课,在个案的基础进行补充、完善,为"灵动语文"课堂做好充足的准备,最后是教师结合年级集体备课稿,基于班级的实际情况,以及自己的教学风格,形成班级可行的教案。三轮研课达到对灵动语文课堂各个环节的有效预设。

（二）"灵动语文"立足于"预学分享、导学探究、总结评测、拓展实践"的课堂教学结构。

构建富有生长气息的灵动课堂，教师要有教育智慧、生命情怀，即对生命的充分理解、包容、尊重甚至是敬畏，这样才能让学生在课堂上放得开，充分展示个性和独特的思维视角，生成富有灵气的思维碰撞，启迪孩子们的智慧。因此，我们一直倡导"动态、开放、平等、灵活"的"小先生"学导课堂文化。"小先生"学导课堂以"预学分享、导学探究、总结评测、拓展实践"为课堂主体四要素。通过四要素整体联动、灵活组合，构建灵动语文课堂教学结构。

1. 预学分享。灵动课堂的第一轮展示就是分享式学习活动。以预学中获取的知识进行交流展示，真正把学生放在课堂的中央，把话语权交给学生，充分发挥学生的主体作用，落实"小先生"学导课堂的文化理念。如学习《鲁滨逊漂流记》一课时，"小先生"经过课前教师的指导训练，独立完成《鲁滨逊漂流记》整本书的阅读，独自查阅资料、筛选资料，在脑海中对整本书有自己的认知。上课伊始，学生这样导入课堂："通过阅读《鲁滨逊漂流记》这本书，我对鲁滨逊有了一个更深的认识。我觉得鲁滨逊是一个英雄，他用自己的双手为自己搭建可避风雨的房屋；用人世间的温良改变了'星期五'，成为自己的孤岛伙伴；用自己的智慧，改变了一座孤岛的模样，开拓属于自己的王国。下面，我想为大家展示我课前根据整本书的故事情节，制作的思维导图……"搭建这样一个分享预学成果平台，就是要让每一个"小先生"都意识到自己的思考是有价值的，是被重视的，被尊重的，给每一个"小先生"一个展示的机会，课堂便充盈着饱满的热情、浓厚的兴趣，为灵动课堂注入活力。

2. 导学探究。我们始终坚持，只有对学习任务的自我实现，才会促进知识的合理建构。因此，教师在课堂中要紧紧围绕让学生学会学习和创新这个中心，设计丰富的学习活动，让动手实践、自主探究和合作交流成为学生课堂学习的主要方式。教师随时掌握学生的学习动态,关注课堂的生成,适时适势地链接相关的课程资源,对学生的思维进行引导,使他们能围绕主题,紧扣目标,展开有效思维。教师的"导"主要体现在帮助学生解决交流、探究中遇到的问题,它或是一句引导语,或是一种资源的提供等,为学生打通知识疑惑,掌握学习方法,改变学习方式。学生的"导"主要体现在学生各抒己见,互相解答,互相纠正,互相补充,增强学习力。这样,教与学的角色在丰富的教学活动中不停地变换,唤醒学生的主人翁意识,让学生乐学勤思,真正释放每一个生命体蓬勃的学习活力。

3. 总结评测。课堂总结便于知识的梳理和归类,学习的目的在于拓宽积累与灵活运用。评测是检验学生学习效果的手段,是落实学习目标的方法,也是一个对知识探究的过程,丰富学生的学习体验。如学习统编教材六年级语文上册第三单元语文园地中的古诗《春日》时,进行分层作业设计,以满足不同层次学生的总结测评,使每一个学生都得到发展。该作业设计如下:

请走进春天作业超市,任选一项学习任务作为考核。只要完成一项学习任务,就可获得 3 颗星。

(1)唱春:唱一首有关春天的歌曲。

(2)咏春:选择一至两首有关春天的诗词进行朗诵。

(3)绘春:制作"诗配画"或"画配诗"的书签或小报。

项目	星级
唱春	★★★
咏春	★★★
绘春	★★★
祝贺你获得( )颗星	

这样的设计主要是引导"小先生"对当堂所学进行整体回顾,加强知识的前后连贯梳理和纵横交互整理,也是针对学习中的重要内容进行限时练习的学习实践活动,落实教学目标。"小先生"在教师的活动设计里,燃起了主动学习的欲望,发挥了"小先生"的主体作用。经过长期的训练,拓宽学生的学科知识领域,丰富学习体验。在体验中,丰盈心灵,找到学习带来的满足感与成就感,从而改变自己,在学习旅程中完成美丽的蝶变,成为有灵气的儿童少年。

4. 拓展实践。"课堂见真功,课后有余功",课后拓展延伸能够使学生在大脑中更深层次地建立知识图谱,能够从学习中发现丰富的知识结构,理清知识间的关系。课后拓展延伸能引导学生发现问题,点燃学生解决问题的欲望,从而主动地迈向求知的旅程,使思维的视角越来越开阔。例如学习《海上日出》一课结束,我要求学生利用课后时间观察三亚落日,观察海洋与落日的融合美,在观察中借助相机记录三亚落日的美,并按照的一定顺序用文字清楚地描述落日的变化,能借助比喻、拟人等手法描写印象深刻或最受感动的自然景象,在文字中真情流露。这样的拓展实践既是对单元语文要素的强化,又能探索新知,开拓更宽的学习空间,增强学生的综合能力。

(三)"灵动语文"立足于主题阅读课程的开发与实施

见多识广、增加阅历是一个人与文本交流产生共鸣。腹有诗书气自华,人有灵气最为贵。阅读,能从中汲取灵气,获得人生智慧。"灵动语文"通过三分钟微课程、15 分钟短课程及一周"灵悦读"长课程,以导读课、精读课、展示课的具体实施,为学生建构主题阅读课程学习模式,使学生在系列阅读课程中与具有灵性的文字共话、开阔眼界、提升修养、营造精神家园。

1. 三分钟微课程。课程主要针对经典诗文诵读,坚持课前三分钟组织学生诵读,学期末进行诗词验收。通过每日反复诵读,以水滴石穿的坚持和力量,培养阅读兴趣,提高朗读水平,丰富语言积累。

2. 15分钟短课程。此课程为每一名学生搭建了展示自我的舞台。舞台虽小,却是大视野。展示的内容可以是教师结合教材所拟定的主题,可以是自己感兴趣的话题,可以是热门新闻,可以是学科融合的内容。展示前一周,学生须确定好内容,并做好展示的准备。通过交流展示,拓宽学生的知识面,增强学生的语言表达能力。

3. 一周"灵悦读"长课程。立足学情整体规划,以提高语文水平,提升阅读品质,滋养心灵更为澄澈为目的,结合国家课程标准,在"小水滴"课程理念的指引下,设计以学生活动为主的阅读手册。一周的阅读课程里,老师们以多种阅读课型,引导学生阅读,做学生阅读的点灯人。一周的阅读课程里,学生们带着精美的阅读手册,乘着书籍的翅膀,徜徉在浩瀚的书海里。一周的阅读课程里,校园的每一个角落都是生命交流的场所,让心底润着书香,让校园飘着芳香,唤醒学生的阅读热情,让学生爱阅读、真阅读,养成良好的阅读习惯,使灵动语文倏然弥香。

"灵动语文"课堂模式的探索基于学生的立场,以学生的视角构建课堂,建立灵活多样的教学方式,探寻促进学生在课堂上高效学习、生命成长的有效策略,让教与学行为方式得到转变。灵动语文教学给每一名学生提供展现、锻炼、管理、提升自我的学习平台及自主实践机会,使学生在学校过一种富有活力的学习生活,在灵动语文学习中学知识、长智慧、塑人格。

（撰稿人：余明雪）

第二节 "多维数学"的智慧

数学是人类文化的重要组成部分,数学素养是现代社会每一个公民应该具备的素养,给学生未来的学习、工作和生活提供重要的基础。"多维数学"更能培养学生的逻辑思维、创新意识、实践操作能力和推理能力,促进学生提高基础知识水平、增强基本技能。

一、"多维数学"的理论溯源

学生想要学好数学,不仅要学会数学知识,还要理解知识形成的过程,获得学好数学的思想方法。学生不仅要"学会"(即掌握知识),更要让学生"会学"(即掌握方法、发展思维、形成能力)。学生从"学会"数学到"会学"数学,最终"会用"数学的思维方式分析解决现实生活问题,需要教师在课堂教学中运用多种方法启迪学生学好数学,用好数学。因此,我们提出"多维数学"的教学主张。"多维"中的"多"指的是学生利用多种感官参与知识学习的形成过程,使学生的多种思维在碰撞中把知识变为自己的能力,并通过多种学习方式获得更多的数学知识,教师教学方式多样化、评价多元化,最大限度激发学生学习兴趣,发展学生的个性,促进目标的达成。"维"指的是多维化课堂理念,数学教学应该从多个维度进行思考,将数学知识科学转化,积极创新,从学生的学习、生活、娱乐全方位进行数学知识的渗透,使其在学习数学知识的同时,不断提升对数学知识的运用水平,提升他们的数学综合素养。归纳起来讲，"多维"是指课堂教学模式灵活多样化、学生学习方式的多样化和教师评价的多元化。"多维数学"是可以转变教师的观念,发展学生的个性,提高学生数学素养的有效途径,是九小数学课堂教学的主要方向。

二、"多维数学"的主旨阐述

"多维数学"既要重视学生的共性发展又要兼顾学生的个性发展。面向全体学生,我们要做适合学生发展的数学教育,通过多种学习方式、灵活多样的课堂教学、多元化的评价体系,让每一个学生在数学学习中既有共性的发展,又有其个性的凸显,达到人人都获得良好的数学教育,不同的学生在数学上得到不同的发展。

三、"多维数学"的课堂模型

"多维数学"要求课堂内容密切联系学生的生活实际,将课堂还给学生,鼓励学生自主探索,引导学生自主建模知识结构,从多角度、多方面思考问题,增强学生的独立学习能力和创新意识。

1. 创设情境,激发兴趣——以问题为导向,生活为题材,创设学生感兴趣的生活情境,体会到数学来源于生活,激发学习兴趣,调动学生学习积极性。引导学生学会用数学的眼光去观察生活,善于发现生活中的数学问题,会用数学的思维方式分析解决生活中的数学问题。

2. 动手操作,合作探究——教师精心设计各种活动,提供多种合作探究平台,引导学生主动参与,让学生在思维中操作,在动手中思考,并通过语言将操作过程"内化"为思维,得到多维度的发展。

3. 课堂开放，自主构建——给学生足够的时间和空间，引导学生经历"观察、实验、猜想、验证、推理与交流、抽象概括、数据处理、反思与构建"等数学活动，亲身经历将实际问题抽象成数学模型进行解释运用的过程，增强学生的独立学习能力和创新意识。

4. 用于生活，解决问题——引导学生把储备的知识进行吸收转化，在实际生活中应用数学，解决生活中的实际问题，使已构建的数学模型得到不断扩充和升级。

四、"多维数学"的操作策略

"多维数学"的操作策略可以从创设情境、动手合作、多元评价、注意引导学生掌握核心知识等方面进行。

（一）"多维数学"需要结合问题创设情境

在课堂中巧妙创设生活情境，营造宽松和谐的课堂氛围，激发学生学习兴趣，引导学生学会用数学的眼光关注情境。比如：在教学"三角形的特征"时，可以设计这样的问题：太阳能的支架为什么是三角形的？这样的数学问题可以联系生活，让枯燥无味的数学问题变得真实、灵动起来，结合生活情境，使学生学会用数学的眼光观察世界，学会把生活问题转化为数学问题，再用数学思维解决生活问题，让学生感受到学数学的意义和价值，增强学好数学的信心。

问题情境尽量贴近学生的生活，通过情境中的问题激活数学思维的发展，真正做到深度学习。数学与生活的结合，使学生体会到生活中处处有数学，数学来源于生活，从而感受到数学的应用价值。应用数学知识、数学思想和方法解决现实生活中的问题,促进学生在生活中找数学,在活动中学数学,在生活中用数学,做到学习资源生活化。

(二)"多维数学"需要动手操作,合作探究

在数学教学中结合问题,设计有效的活动,引导学生动手操作,合作探究,让学生参与知识形成的过程,有利于知识的理解和掌握,有效地调动每个学生积极主动的学习态度,充分发挥学生的主体作用。例如:在教学"千克的认识"时,提前安排学生去超市买1千克的物品(各自买自己喜欢的物品)带到学校,课堂上先让每个学生拎一拎自己的物品,掂一掂,感受一下1千克到底有多重,并让学生交换物品再操作一次,学生通过实际拎一拎、掂一掂、初步感受1千克的重量观念。通过这样的活动,增强了学生的感性认识,使学生在具有丰富感知的基础上建立正确的概念,体现了学习活动自主化。

(三)"多维数学"需要评价多元化

教师通过多维度、多层次的评价体系,做到评价主体多元化,发挥学生学习的主观能动性和创造性,促进学生多维度发展。

1. 注重评价内容的多元化。一直以来,教师的评价几乎都是根据学生的成绩为参考标准。在新的教育理念下,显然这样的评价已经不能满足教育发展的需求。结合现代学生的特点,对学生的评价要多元化,应从结果性评价转向过程性评价。评价任何一个学生,首先要关注他们的学习过程,再兼顾他们的学习结果,既要关注学生的学习水平,更要关注他们在学习中所表现的情感与态度,做到评价内容多元化。现代的教育理念更注重对学生综合素质的培养,由以前只关注学生的学业成绩,转向关注学生的实践能力、创新能力、学习过程中所投入的情感与

态度、学习兴趣等方面的发展。要尊重学生的个性差异,对个别学生独特性发展的认可,并及时给予积极的评价,充分发挥学生多方面的潜能。评价内容多元化是关注学生的成长过程,为学生的全面发展,做到从多层面评价学生的多种能力,促进不同的学生得到不同的发展。

2. 注重评价主体的多元化。在以往的教学评价中,都是教师作为评价者,学生只能被动接受评价。评价活动进行的时间、评价内容的具体要求等,一般都是由教师负责提出,学生只能服从教师的安排,被动接受评价。像这样教师主动、学生被动的评价活动,无法调动学生的积极性,更不能促进学生的个性化发展。在以后的教学活动中,我们要改变过去单纯的由教师评价学生的状态,提倡多主体参与评价,做到师生互评,生生互评,学生自评,鼓励家长也参与到评价中,建立以教师、学生、家长共同参与的评价制度。例如:在平常的教学活动中,小组合作交流或学生汇报结论时,可以先让本小组的组员给予评价,其他小组的同学也参与评价,结合同学的评价,本人再做自评,最后再由老师做点评。这样的互评和自评有利于学生的个性化发展。而平时,老师还可以定期或不定期让家长给自己孩子近来的表现进行评价。家长的评价,有利于家校沟通,双方及时了解孩子的动态,有利于及时发现问题并解决问题,促进学生发展。主体多元化的评价帮助学生认识到自己在学习策略、思维或习惯上的长处与不足,认识自我,树立信心,真正体验到自己的成功与进步,促进他们提高学习的自我反思水平,充分发挥他们学习的积极性和主动性。

(四)"多维数学"需要把握学科核心知识

小学数学知识面广,在一节课40分钟的有限时间内要完成教学任务,达到教学目标,必须聚焦核心知识,对数学知识进行质的精选和量的压缩,提高课堂教学效率,引导学生深度学习还存在一定的难度。虽然教学内容多、广,但只要弄清数学学科中的核心概念和重要知识,了解知识的来龙去脉以及知识之间的内在联系,把最重要、最有价值的知识精选加以整合,通过课堂传递给学生,能帮助学生在脑海中建构知识图谱,使核心知识更加系统,更加牢固。

“多维数学”是在潜移默化中体验数学,在不断的操作中实践数学,在积淀中感悟数学,在游戏中学会数学,在生活中运用数学,在评价中学会反思,在探索中不断地扩充视野,开拓思维。推行“多维数学”提高教师思想的高度,开拓教师知识的广度,挖掘教师研究的深度,转换教师思考的角度等。这样的多维数学课堂才能引导学生学得深、学得透,学生才能体验到数学之美,才能感受到数学学科特有的魅力。

(撰稿人:黄冬梅)

第三节 “智趣英语”的味道

英语既是一门包罗万象,涉猎广泛知识的学科,又是一门记忆与实践紧密结合的语言学科,同时还是一门集人生哲理与人类成长经验于一体的文学学科。小学英语课堂教学应立足于学生的年龄特点、认知特性,学习中所建构新的认知体系,即启思于生活,又运用于生活。基于此,我们希望能打造出不仅让学生获得英语语言综合运用能力,又能促进学生的思维能力发展的英语课堂。

一、"智趣英语"的理论溯源

《义务教育英语课程标准(2011年版)》中指出,以语言技能、语言知识、情感态度、学习策略和文化意识等五个方面共同构成的英语课程总目标,既体现了英语学习的工具性,也体现了人文性。[①]

基于英语课程目标的性质特点,小学英语教学是学习语言知识、获得情感的过程,更是能力和思维得到发展的过程。要落实这样的课程目标,必须从儿童的视角出发,遵循儿童的成长认知规律,创设有趣味的活动性课堂、有探究性的合作性课堂,让学生在学习过程中感受、获得英语学习的情感体验、智慧生成,形成积极主动的学习习惯,从而提升学生英语素养。因此,我们提倡有乐趣、得知识、长智慧的"智趣英语"教学主张。

"智趣"则体现以趣得智,智趣兼得,强调课堂教学应中注重情感的渗透与提升,让学生获得切实的体验和感悟,并在日常学习、生活中体现出来。"趣"指趣味,趣味性具有强烈的感染力,能让学习者在有情趣的学习活动中乐于思考,学到知识,得到智慧,继而进入再学习、再启思的良性学习循环。"趣"是儿童学习的"情感态度",需要在我们日常教学中激发,在潜移默化中达到润物细无声的效果。而"智"指的是在儿童学习情境中结合已获得的知识和已有的生活经验对现在所学的知识进行思考、判断、辨析、归纳,最终获得语言知识和形成自己独特的思维,即智慧。综上所述,本教学主张的实施能够有效落实英语课程总目标。

[①] 中华人民共和国教育部. 义务教育语文课程标准(2011年版)[M]. 北京:北京师范大学出版社,2011:8.

二、"智趣英语"的主旨阐述

我们的"智趣英语"是在小学英语课堂教学过程中,创设趣味盎然的英语学习氛围,让每一名孩子快乐地、努力地参与学习过程,通过不断地感受、体验和思考,获得语言能力,开启智慧,逐渐形成具有个性的全人。"智"是获得能力,开启智慧的学习过程,是英语课程学习的最终目的。教师通过创设各种学习活动,引领儿童运用元认知,探究新认知,在学习过程中发展基本的听、说、读、写技能,初步形成用英语与他人交流的能力,进一步促进思维能力的发展,为今后继续学习英语和运用英语学习其他相关科学文化知识奠定基础。"趣"是学习过程中的重要因素,符合小学生的年龄特征和认知规律,课堂学习的内容和活动要富有趣味,让学生增加学习兴趣,让学习效果更有效,得以持久。因此,在小学英语教育教学中"智趣英语"就是趣中有智、智趣相生的英语学习过程。

根据小学的年龄特征及小学教材内容,小学阶段不同年段的英语课堂教学中的"智"和"趣"侧重点不同。小学低中年段学生对新事物的富有新鲜感,但注意力集中时间不长,喜欢趣味性的学习活动,因此低年段的英语课堂教学为趣中有智。到小学中高年段,单一的趣味性教学活动已不再是驱动学生学习的主要学习方式,学生的思维习惯从形象思维逐渐走向抽象思维,学习过程中通过思考、交流解决问题的探究式学习,更让学生得到学习成就感,从而对英语学习形成兴趣更为持久的自主性学习。

三、"智趣英语"的课堂模型

"智趣英语"课堂具备两层含义。首先,"智趣"英语教学是体现全面性教学目标,尊重学生主体地位,了解心理需求,允许不同见解,使教学活动体现民主性的教学过程,又是充满乐趣,充满活力的学习过程。在课堂上,教师充分调动学生耳听、眼看、手写、脑思等多种方式,培养学生听、读、说、写、看等语言技能。其次是有情境的任务型教学活动,在教学活动中激活学生新旧知识联系,激起认知冲突,激发思考欲望,尊重学生结论,使用激励性评价,使学生获得学习体验和成就感的教学活动。其课堂模型如下:

1. 课前激趣导入——在教学 Prepare 环节,激活学生已有的与课文相关话题的背景知识,激发积极的学习情绪。

2. 课中在情境中领悟——在教学中 While 环节自然生成的情境,创设体验性学习任务,增加学习趣味性,使语言教学和语言应用相辅相成,有效提升学生学习语言的体验感。

3. 课后在合作中启智——在教学 Post 环节中进行合作学习,引导其进行适当的创新迁移,提高小组合作水平,学会表达,学会合作,促进思维发展。

四、"智趣英语"的操作策略

在趣味英语教学活动中培养学生的英语综合运用能力,让学生在情境中获取知识,开发思维想象,并得到启智。

1. "智趣英语"为学生设计不同维度的课程学习。"智趣英语"遵循儿童的语言学习特点,全面考虑不同年龄段的学生的学习特点,合理设置课程及不同的学习维度目标。例如,我校开发了英语分级绘本阅读拓展课程及短课时课程。绘本阅读拓展课主要为了发挥学生的英语阅读能力,通过不同的学习方式,让学生"学会读,读中学,读中思",学会不同的英语语言技能,提高阅读水平的同时培养学生思辨能力。如低年段一、二年级采用了"绘本阅读＋自然拼读学习"的学习方式，着重培养学生单词的拼读能力，让学生初步做到"学会读"。中年段三、四年级采用了"绘本阅读＋讲演故事"，着重培养学生的阅读及朗读能力，让学生做到"读中学"。高年段的五、六年级采用了"绘本阅读＋写演故事"的学习方式，着重培养学生的阅读能力和思维能力，做到"读中思"。绘本拓展课中，老师和学生通过共读分享的方法学习绘本。在短课时课中，不同年级的学生在老师的带领下拼读故事、朗读分享故事、表演故事、分享续编故事等，展示所学的知识和能力。两种课程的相结合，让学生在不同的学习过程中得到更多的语言学习体验机会，增加学习成就感，进而增强学习兴趣。

2. "智趣英语"为学生提供多样化的学习平台。我校根据不同学生的语言学习特长，面向全体学生开设了不同社团课程。不同的学生有着不一样的学习优势，有的学生善于听，有的学生善于说，有的学生善于模仿表演，有的学生善于仿写、创作等。结合英语的不同语言技能，我校开设了"英语歌声""英语戏剧""英语配音""英语手绘""英语小导""英语演讲"等社团，旨在给学生提供多样化的学习平台，尽力满足学生不同的学习需求，让其学到更多元化的语言知识，提高语言综合运用水平。

如在我校创设的"英语戏剧"社团，在英语戏剧学习过程中，教师引领学生通过小组合作，对英语短剧进行编写、排练、表演，互动评价等学习活动，打造充满活力的英语戏剧课堂，让学生真正成为课堂的主角。例如在我们的"Finding Dory 2"戏剧课教学初期，学生们对教材内容进行改编、排演，各抒己见。新鲜的教学方式让学生乐在其中，随着学习的推进，因不同改编内容、表演的方式各持所见，产生激烈争论，但随着不断地讨论、表演、改进，看到自己参与的戏剧不断成型、完善，而变得兴奋不已，忘记了过程中的不愉快。学生们在磨合中学会了沟通、合作,并不断地尝试表达自己不同的意见,贡献自己的智慧。从不敢说,到尝试说,再到大胆说,到最后变得畅所欲言。整个英语戏剧教学以学生为主,充分发挥他们每一个人的特长,调动每个人学习的积极性和主动性。英语戏剧表演给学生们带来真实的思想交流和情感交流,给他们带来了在平常英语课堂中所欠缺的语言创新实践活动,延伸了学生英语学习的时间和空间,很大程度上激发了学生学习的兴趣及积极性,让学生们乐在其中。创新、实践式的英语戏剧社团课程不仅达到"以演促说,以演促写"的学习语言目的,而且促进了学生理解能力、观察能力、想象能力,形体表达能力的发展,增强学生的组织能力、沟通能力,培养学生团结协作的精神,让其逐渐形成健全的人格。

3. "智趣英语"为学生搭建真实的活动体验平台。当学生学到不同的语言知识后,总希望自己的能力得到肯定,渴望得到展示的平台。而真实的生活环境中,如各种英语活动和赛事、和外国友人交流等这样的平台能为学生提供真实的语言体验平台。我校创设了英语绘本比赛,英语演讲比赛,英语亲子阅读表演和英语戏剧表演,英语小导游体验活动和外国友人交流等活动,为学生提供更多真实的语言体验平台,极大地增强了学生的学习兴趣。

4. "智趣英语"为学生提供争先评优的机会。评价是英语课程实施的重要组成部分。在学习过程中,多元化的激励性评价能促进学生的学习积极性;而学习阶段性的奖励评价有利于学生了解自己每个阶段的学习状态,评估自身学习状态,进而反思,优化下一阶段的学习方式。我校英语老师利用学习 App——智慧平台中的"海里"奖励机制,设置各种学习任务,如"英语演讲小能手""英语说故事能手""英语戏剧表演家""英语故事小作家""最美英语小导游"等评优活动,鼓励学生争先评优,激发其学习的积极主动性,促进英语水平的提升。

"智趣英语"遵循儿童认知规律,尊重学生主体地位,努力创设英语学习情境和平台,营造趣味性学习、合作性学习、启智式学习,激励学生找到学习英语的快乐,获得学习成就感,开启智慧。在学习过程中要有"趣"度和"智"度,两者相融相成,不可因"趣"丢"智",也不能因"智"缺"趣"。教学过程中教师要有思想高度和知识广度,需要教师进行有深度的教学研究。从无到有,从有到精,需要时间和经验的沉淀。为了学生更好的发展,我们一直在求索更合适的教学方法道路上勤力前行。

（撰稿人：邢增珠）

第四节　"理趣科学"的创意

小学科学是一门以培养学生科学素养为宗旨的基础性课程。我们希望打造寓理于趣、理趣相融的科学课堂,让每一位科学老师和孩子都成为这首动听的科学教育改革旋律中欢快跳跃的音符。

一、"理趣科学"的理论溯源

美国哈佛大学教授兰本达倡导的"探究—研讨"教学法一直影响我国小学科学课程改革,教师将"有结构"的材料有序发给儿童,通过积极主动探究,合作交流,亲身经历科学知识构建的过程。[1] 这一先进的教学理念至今是科学课程的主

———————

[1] 刘春红.兰本达"探究—研讨"教学法的基本思想与启示[J].基础教育研究,2017(3)：37—38,41.

要教学方法。像科学家那样经历探究过程,学习科学知识,形成科学态度,发展科学思维,让孩子们在寻理、探理过程中保持探究未知世界持久的乐趣、情趣,这是我们追求的理想课堂。为此,我们提出"理趣科学"教学主张。本教学主张的实施能够有效落实《义务教育科学课程标准(2017 年版)》指出的科学课程学习目标"通过科学课程的学习,学生能保持对自然的好奇心和探究热情;了解相适应的科学知识;体验科学探究的基本过程中发展科学探究能力、思维能力及创新能力,形成尊重事实、乐于探究、与他人合作的科学态度"①。

"理趣科学"教学主张中"理"指的是通过引领儿童对各种自然现象、实验现象的观察、探究获取的各种事实证据、帮助儿童发现的科学规律、掌握的科学知识,以及形成的科学态度和科学精神。"理"的本质特点在于"求真",这就要求我们在科学教学过程中"以理服人",引导学生建立识理、明理的思考习惯。这是一种"理"启"智"的过程。"趣",是"兴趣""乐趣"。兴趣是最好的老师,教育教学过程中要创造学习科学良好的条件和环境,使学生在学习中体验科学的魅力和乐趣;培养学生终身的探索乐趣、良好的思维习惯和初步的科学实践能力。

"理趣科学"是我们追求的理想的课堂状态,教学过程中以趣悟理、理趣相融、寓理于趣。小学科学教学过程中采用儿童喜闻乐见、充满趣味的方法,以"趣"的方式帮助儿童建构新的认知体系,让儿童在富有活力的状态中,感受到科学学习的智趣、情趣、乐趣,提高科学素养。

二、"理趣科学"的主旨阐述

"理"是这门学科的定位,教师设计各种符合儿童年龄特征的探究活动,引导

---

① 中华人民共和国教育部. 义务教育科学课程标准(2017 年版)[M]. 北京:北京师范大学出版社,2017:6.

儿童在探究获取各种事实证据,帮助儿童发现科学规律,掌握科学知识,树立科学精神。让学生像科学家一样经历探究过程,追求真知,为此教师应考虑学生的年龄特征,关注学生科学探究与日常生活的连接点,让学生在趣味盎然的活动中建构新的认知体系,感受到科学学习的智趣、情趣、乐趣。

"趣"符合小学生的年龄特征和认知规律,科学课堂内容和活动要吸引学生,富有童趣。为此,在小学科学教育教学中"趣"乃课堂教学的外在追求;"理"乃课堂教学的内在价值;而趣理科学往往是趣蕴于理,理融于趣,理趣相生。

根据学生的年龄特征及教材内容,小学不同年段的科学教育教学的"理"和"趣"的侧重点则不一样。低年段学生的注意力集中时间不长,在学习过程中形象思维强于抽象思维,同时该阶段学生的好奇心强,为此低年段的科学课堂教学为理趣科学第一阶段:寓理于趣。到中年段,学生的思维习惯从形象思维逐渐向抽象思维过渡,此时学生也不再满足单一的挑战任务,他们喜欢接受一定的挑战,在探究过程中通过思考、交流解决问题会让学生获得成功的喜悦,从而对科学探究产生浓厚的兴趣,所以该阶段理趣科学教学确定为:理趣相融。到高年段,逐渐进入青春期的学生对世界的探究欲望更强,也渐渐比较自我,同时随着学习方式越多,他们具有科学知识越丰富,教师只有设计具有挑战的探究任务更能扩大学生探究欲望,他们在不断求索的过程中获得学习的乐趣,因此该阶段我们确定:理中寻趣。

综上所述,理趣科学课堂的内涵如下:遵循儿童生理和心理发展的规律,关注儿童的学习状态,努力追寻既有儿童味又有科学味的探究课堂;营造浓郁的探究氛围,让学生感受到探究的情趣、智趣,形成积极的学习行为,从而促进学生科学素养的提升。

三、"理趣科学"的课堂模型

根据"理趣科学"的内涵解读以及探究学习的特点，我们将理趣科学的课堂模型确定如下：

激趣导入——教学起点从学生的生活、学习经验出发，激发其积极的学习情绪。

循趣引导——教师基于学生的问题进行引导，注重实践体验，强调与同伴的交流与合作。

探究学理——理性归纳、提升，从生活经验到知识经验，形成知识网络，促进思维发展。

拓展寻趣——从理性的科学知识再到感性的生活中寻找探究乐趣，理趣相生。

任何一种教学主张不能偏离这门学科的学习理念指导，小学科学中"理"蕴藏在千千万万的生活现象中。当今我们所培养的学生是未来的社会公民，具有学习力、思维力及创新力，等等，合作交流是未来公民必备品格之一。为此，"理趣科学"教学主张的科学课堂模型并非是四个教学环节，更是教师引导学生探究的四个航行标。实现"理趣科学"的课堂，我们需要依据课程标准，研究教材与学情，充分利用区域科学教学资源，设计探究活动及评价任务，将评价任务贯穿在科学教学过程之中，用好评价任务检验学生学习效果。

四、"理趣科学"的操作策略

我们希望"理趣科学"的课堂能够给予孩子无限的动力，让他们像科学家一样去探索。我们身体力行地行走在教育教学探索的路上，探索理趣科学教学主张在课堂落地的操作策略。

1. "理趣科学"需要尊重儿童的天性。卢梭的"自然教育"给了我们启示，教育应该遵循自然赋予儿童的本性，考虑他们的年龄特征，听任他们身心的自由发展。一节充满魅力的科学课堂要想"儿童"之趣，也要有"科学"之"理"。"趣"就是尊重儿童的天性，呵护他们与生俱来的好奇心。在自然科学中有着许许多多的学生们感兴趣的东西，他们的好奇心在他接触到所感兴趣的东西的那一刻一触即发，所以学生在上课过程中会提出自己感兴趣的问题或突然插嘴，这往往是教师预想不到的，不经意间教师的一句话，比如"你不能等会儿再说吗？""这是没有礼貌的行为！"等，甚至一个厌恶的眼神都会扼杀孩子的好奇心。在教学过程中，当教师听到学生的提问、插嘴时，我们可以对他们这种科学学习活动中的行为给予理解和尊重，比如"你是个善于思考的孩子，非常高兴你能提出疑问"。如果教师没办法当堂解决的问题，您可以直接告诉孩子："你的问题把老师难倒了，你能不能利用下课时间想办法解决，然后教教老师，好吗？"这样不仅呵护了孩子的好奇心，也能激发学生探究科学的兴趣。

2. "理趣科学"需要巧用资源，活用教材。随着理趣科学研究的逐步深入，我们愈发觉得一节既有"理"又有"趣"的科学课需要教师要善于活用教材，挖掘教材每一句话，读懂每一幅图的深刻含义，结合身边的、生活中的课程资源，选择学生感兴趣的内容引导孩子走进科学探究。比如在教学四年级上册"它在哪里"这一课，这一课教材有一个环节：要想精确描述舞蹈的位置，必须要说清楚物体的距离参照物有多远，在它的什么方位做了调整。教材中选择的是小朋友在逛公园的时候迷路了并向别人提问题的场景。教学过程中，我选取了三亚的卫星地图，孩子一看到三亚地图，迫不及待、指手画脚地寻找熟悉的地方，学校位置、家庭位置……这时我问："你们的家在哪？怎么向一个没有去过你家的同学描述呢？如果有一位正在海月广场游玩的客人向你询问三亚市第九小学怎么走,你会怎么说呢?"将教材中陌生的场景改变为学生熟悉的场景,拉近学生与教材的距离,孩子们的交流、探究兴趣因此而被激发,愉快地参与课堂活动中探究科学的"理"。教师不仅可以对教材重新整合,调整顺序,也可以将教材中有些与实际生活联系不大的内容删去或增加,或替换成贴近学生,符合学生的生活体验的实验,对教材中的重点知识,如果不够详细,教师可以拓展,精讲多练。帮助儿童建构新的认知体系,让儿童在富有活力的状态中,以"趣"的方式帮助儿童建构新的认知体系。

3. "理趣科学"需要真实的探究活动。我们听过很多看似完美的科学探究课,有时也是竭力牵制学生的思维空间,让学生在教师"完美"的预设轨道前行,容不得有孩子的一点发自内心疑问、一个惊奇的发现。于是孩子总能发现老师想要发现的"科学道理",总能说出老师想说的话语。学生在这样虚假探究的科学课堂上眼神不再闪烁光彩,不再灵气四射。为此,真实的探究活动成为理趣科学课堂关键。理趣科学课堂中真实的探究活动就是在了解学生的前概念下的探究活动。

我们都知道,孩子在生活中通过各种途径认识世界,这些正确或错误的前概念将是教师进行教学的起点。课堂上教师充分挖掘和利用前概念,采取合适的教学策略,逐步完善小学生的认识。比如:我在教学"什么叫机械"时,一开始,我提问:"你认为什么叫机械?"

学生根据自己的经验回答:"带电的,不用人力干活的,可以帮人们做事情的就是机械。"接着我就用PPT出示:剪刀、起重机、放大镜、手表、收割机、尺子、铁铲、挖掘机的图片,说:"在你的想象中,哪些就是机械?"

学生马上说:"起重机、收割机、挖掘机是机械。"

通过提问了解孩子对机械的比较片面的前概念,为上好这堂课做好了准备。

我随势提问："你们为什么这么认为？"

学生："因为起重机可以帮人们提起很重的东西；收割机可以帮人们轻松收割稻谷，特别方便。"

师："对，它们都是机械，能帮助人们降低工作难度又省力的工具就叫机械。"

在此基础上引导学生讨论、分析：说一说，画一画剪刀、尺子、铲子、放大镜是怎样工作的。在探究过程中，学生渐渐明白了：剪刀、尺子、铲子、放大镜都能给我们生活带来便利，都能帮助人们做事情。在这循序渐进的交流探究过程中的发现与学生的前概念发生了碰撞，激发学生的学习兴趣，促使他们思考：如果起重机、收割机叫机械，那同样能帮助人们做事情又省力的剪刀、铲子等也可以叫机械。这时教师才总结：像剪刀、铲子这样的就叫简单机械；而起重机、挖掘机这样的复杂的机械就叫机器。

本堂课的教学以学生的前概念为起点，因势利导，自然而然逐步揭开机械的面纱，教师教得轻轻松松，学生学得快快乐乐。唤醒学生的前概念，让课堂探究活动真实发生。将孩子置身于理趣和谐相融的富有活力的科学学习中，进而感受科学学习的智趣、情趣，促进学生学习科学，全方位提高学生科学的素养。

4."理趣科学"需要引燃理性思维的火花。教育家孔子说过"知之者不如好之者，好之者不如乐之者"。教学中，当学生遇到他感兴趣的事物，就能激发探究的欲望，主动参与探究活动，强烈的好奇心促进学生展开深层次的思考，理性的思维会在浓浓的趣味中得以发展。为此理趣科学应从学生的兴趣点、未知点、疑惑点（就是学生一知半解的，或者平时常见的却又是错误的）出发，设计教学环节，才能引燃学生思维的火花，才能让学生以饱满的热情探究科学。比如前段时间一位老师上的"导体和绝缘体"这一课中，刚开始在试讲的时候，我们听了都觉得环节很清晰，课堂也有探究活动，学生也能学到科学知识，可就觉得少了一点科学的味道,少了学生在课堂上主动参与的劲头。细细分析,发现学生经历了一次伪科学的探究,整堂课没有学生深度思考,理性的思维辨析。于是,我们重新设计这节课:(1)增加几种学生常见却很少思考的材料:沙子、石头是导体还是绝缘体;以此引发学生猜测、思考、探究。(2)学生都知道"水"是导体,可是矿泉水、纯净水、自来水等都是导体吗?这个问题让学生争议不休,也让学生懂得一个道理:看问题不能一概而论,你所看到的不一定是真的。这样深度的思考就是培养理性人,就不会跟风,人云亦云。这就是"理"所带来的"趣"。(3)导体和绝缘体之间能相互转换,大家所了解的是因为水的作用,除此以外还有别的原因吗?学生不知道的问题也能激发学生的探究兴趣。整节课有理有趣,理趣相生。学生自始至终属于一种亢奋的状态,愿意表达、乐于探究,脸上绽放的光彩真的非常可爱!这一课例让我想起江苏科学特级教师曾宝俊老师说过:"科学课堂应该是追求理趣交融。而对于课堂的趣味性,很多人仅停留在游戏层面上。什么是有趣?真正的趣味一定发生在思维对抗的过程中!"

要追求科学教学的理趣相融,搜索学生感兴趣的有趣味的物体,结合教学内容引入课堂探究活动,还可以挖掘教材中有趣味的内容,不失时机地加以引导,激发学生参与探究的兴趣,引燃学生理性思维的火花。当然我们也可以挖掘与学生理解有偏差的科学概念,化偏差分歧的矛盾为新的起点,设计探究活动,引发学生展开理性思考。

科学探究活动以学习科学知识、掌握科学方法和形成科学态度、科学精神为主旨。"趣"的营造要有一个"度"的把握。课堂上的"趣"应该围绕着"理"来展开,不可一味求"趣",丢了科学探究的根本。科学教学才能在"理"与"趣"之间寻找平衡点,真正体现理性与情趣并重,使科学课堂成为学生探究的天地。含理而有趣的科学探究活动才能促使学生参与其中。理之沉稳,趣之灵动,我们将"理"立于科学课堂,用"趣"优化课堂,积极构建"理趣科学"课堂。

（撰稿人：林蓝）

第五节 "悦润音乐"的唯美

音乐是一门听觉与情感的艺术。由于其非语义性、抽象性等特点,是人们透过声响感知世界、净化心灵、陶冶情操的艺术来源。小学音乐作为义务教育音乐课程实施的基础阶段,是学生参与音乐体验、表现与创造的关键环节,也是为学生提供审美体验,增强学生对文化多样性认识和理解的一门学科。基于此,"悦润音乐"教学主张旨在引导学生通过乐音的浸润获得感受美的能力,身心于愉悦的学习氛围中得以净化和滋养。

一、"悦润音乐"的理论溯源

小学音乐课是启蒙学生听觉和体验最初始的场域,也是学生审美感受桥梁建立的关键环节。苏联教育家苏霍姆林斯基曾说过:"在影响人的心灵手段中,音乐占据着重要地位,音乐是思维有力量的源泉。没有音乐教育,就不可能有合乎要求的智力发展。"[①]只有让学生在音乐课堂中享受音乐,基于孩子本性体验的感受

---

① ［苏］苏霍姆林斯基. 把整个心灵献给孩子[M]. 天津：天津人民出版社,1981,10(1)：76.

出发,才能够发展成为思想层面的审美感受能力并赋之于美的创造。音乐课程标准中关于音乐课程目标的过程与方法解读:"在音乐体验与感受中,享受音乐审美过程的愉悦,体验与理解音乐的感性特征与精神内涵。"①因此,基于听觉体验发掘旋律美,根据音乐表现对象发挥联想,尝试用肢体表达对音乐的理解,在感受、体验、创造等系列活动中建构音乐学习思维,是我们一直以来所追求的理想课堂。基于此,我们提炼出"悦润音乐"教学主张。

"悦润音乐"意欲以儿童通过对音乐的感知和体验,听觉和身心达到"乐耳欢愉",人格与审美得以"浸润感化"的状态。"悦润"是对美的体验和感受身心得以滋养的一个循序渐进的过程。"悦润音乐"注重学生对音乐的体验感悟,我们通过为学生创设享受音乐美感的课堂情境,引导学生徜徉在乐海的玄音妙韵中享受音乐学习带来的"愉悦",在发现音乐美、感受音乐美、创造音乐美等一系列"浸润"式的学习链条中获得基本的音乐素养,审美能力得以增强。

二、"悦润音乐"的主旨阐述

"悦润音乐"是我校音乐学科组结合学科育人目标及学校办学理念拟定的教学主张。其旨在通过愉悦、感化人心的音乐教学引导学生感受旋律美,进而达到人格得以浸润和滋养的目的。"悦润音乐"紧密围绕《义务教育音乐课程标准(2011 年版)》中关于课程的基本理念的解读内容:"突出音乐学科的美育功能,正确处理音乐知识与技能的关系,突出学生在学习过程中获得的审美体验和文化认知等关系进行展开。"②同时"悦润"也指通过动人悦耳的音乐、愉快的学习氛围陶

① 中华人民共和国教育部. 义务教育音乐课程标准(2011 年版)[M]. 北京:北京师范大学出版社,2012:9.
② 中华人民共和国教育部. 义务教育音乐课程标准(2011 年版)[M]. 北京:北京师范大学出版社,2012:6.

冶情操，让心灵在得以滋养的过程中增添审美情趣。音乐课堂中"悦润"则体现于寓乐感心，教学过程中我们紧密结合地域特色文化贯穿学科教学，让儿童在妙音玄韵中感受音乐之美，以渗透浸润的方式潜移默化地提升学生的音乐素养。

三、"悦润音乐"的课堂模型

"悦润音乐"的教学模式以课堂为主，根据教学内容的侧重点可分为以歌曲教学或以欣赏为主的教学基本教学模式。以歌曲教学为主的基本教学模式主要集中解决学生的发声状态，学生对歌曲音准、节奏、音乐情感表达是否准确等问题；而以欣赏为主的基本教学模式则侧重于学生对音乐要素的感知和对音乐结构的把握。两个课型在教学过程中还会适当根据教学内容和主题融听、唱、动、跳、奏等层次丰富的综合性教学内容，基本教学模式如下。

（一）以歌曲教学为主的基本教学模式

"悦润音乐"中所提倡的歌曲教学模式主要以学生的声音表现为主。在歌曲教学中，我们以海洋文化为切入点，结合我校倚靠海湾的地域优势以及蓝海教育中"让每一个生命澄澈明亮"的办学理念，歌曲教学以"海"悦润，制定了必唱曲目为校歌《小水滴的海洋》。在歌曲教学计划中，结合各个学年段学生的声音条件和特点，每个年级每学年选唱两首海洋歌曲。分别为：一年级《小水滴的海洋》《小小一粒沙》；二年级《大海》《大海摇篮》；三年级《海边的童话时光》《海这边，海那边》；四年级《小螺号》《大鱼》；五年级《我爱你，大海》《海的女儿》；六年级《大海啊，故乡》《星星的海洋》。通过唱大海、颂大海，结合海洋文化进行歌曲教学方式，将海洋文化与歌曲演唱能力培养紧密结合，与海洋同在，与海洋共声。教学基本模式如下：

1. 创设情境，导入新课。本环节在教师充分对歌曲表现内容的挖掘的基础上，运用体现课堂内容的图片、音乐等对歌曲的表现内容进行情境式的铺垫。

2. 感知旋律，了解背景。本教学环节侧重于挖掘旋律与歌曲的表现内容的关系，引导学生从地域、民族、作曲家、创作背景等方面与了解音乐形成与地理环境、文化环境所产生的关联。充分借助信息化教学手段，结合视听结合的引导方式引导学生从多维的感官刺激上感受歌曲，了解音乐与自然、民族与文化的关系。

3. 探索发现，学习新知。首先，教师在这一环节会利用音频、范唱等形式让学生从听觉上对歌词和旋律进行感知体验，激发学生表现歌曲的兴致；而后从歌曲的节奏入手，予以学生充分的自主发挥空间，听辨歌曲的节拍和节奏，期间教师做一些提示和引导，通过双手击不同的拍子找出最符合歌曲的节拍特点，进而观察乐谱找出歌曲中反复出现的节奏型或难点节奏。自这一阶段，基本完成了对歌曲中音乐要素的探索与发现。接下来，基于对节拍以及节奏的掌握的基础，教师会适当根据歌曲的难度、学生学情的特点引导学生随节奏读歌词，将难点节奏反复朗读，或是结合歌词和音乐做一些形象趣味的引导突破这一难关。最后，跟随音乐读节奏、用拟声词哼唱旋律的基础上，引导学生尝试跟随音频把感受环节中对旋律的记忆，以及节奏朗读的基础尝试自主跟唱。教师在这一过程中密切关注学生的表现，及时作出对音准、节奏、声音上的调整，利用听辨对比、模仿探究等学习方式以达成准确演唱的教学目标。

4. 表现歌曲，实践创造。这一环节主要围绕音乐核心素养，引导学生根据音乐旋律自创舞蹈动作，在歌曲教学中加入肢体律动，学生在音乐感受和理解中随音乐表现，将学生乐感内化于心的创造力，外化于"形"，从心出发，随心舞动。这一环节的设计，从学生的肢体表现中既体现了"悦"，又能让学生在创编活动中将对音乐"润"外化为合作创造的表现。

5. 内容拓展,学习延伸。在拓展引导策略上,"悦润音乐"注重学生在课堂学习中心境的感受,巩固本课学习,并能延伸学习其他音乐作品。如:让学生之间相互听唱、律动唱、二声部合唱、男女生分组对唱等形式练习歌曲。采用模唱、接龙唱等形式,予以学生充分的展示空间,让学生在活跃、愉悦的心境中掌握音乐知识,提高音乐素养。

(二) 以欣赏教学为主的基本教学模式

"悦润音乐"在欣赏教学为主的教学模式中,以"润"为手段,达到浸润学生之心灵为目的,大致分为如下四个阶段。

1. 创设情境,激趣导入。"悦润音乐"课堂注重音乐学习情境与趣味性的融合。为此,在这一阶段中,教师主要通过对音乐本体的解读,挖掘出吸引学生听觉注意力的要点,通过情境导入、故事讲述集中学生聆听的注意力,激发学生对音乐想象的能动性。

2. 聆听体验、感知要素。欣赏课注重学生对音乐要素的感受与体验,小学不同年段的学生对音乐欣赏和聆听音乐要素的感知接受度不同。"悦润音乐"课堂注重结合学生的学情特点,如低年段(一至二年级)主要以感受音乐的情绪、速度、音乐主题的重复或变化为主;中高年段(三至六年级)主要基于前期所积累的聆听素养上,对曲式结构更为复杂、题材更广的音乐作品进行理解。教学过程主要分为初次聆听,整体感知;分段赏析,走进音乐;再次聆听,体会内涵三个步骤。

(1) 初次聆听,整体感知。这一环节中,教师主要遵循学生的听觉感受,首先提出对音乐作品的情绪、速度、主奏乐器、表现形式等依据教学目标而设的相应问题。然后引导学生从音乐作品整体上进行听觉感知,对作曲家及音乐创作背景有了初步的了解。

（2）分段赏析，走进音乐。音乐作品的结构是由乐段、乐句、乐节组成的，而乐节、乐句以及乐段犹如一滴滴水滴汇聚成的河流，向构成音乐曲式的海洋奔涌而去。在"悦润音乐"课堂中，我们注重把握循序渐进的进程规律，引导学生通过分段聆听感知音乐情绪、音乐要素的变化判断曲式结构。再基于学生充分的自主想象空间，小组讨论作品表现内容等对作品进行细致欣赏分析，进而在此基础上以聆听、视唱、模奏等表现形式深化对音乐主题的记忆。

（3）再次聆听，体会内涵。在分段聆听把握音乐要素之后，我们注重引导学生从音乐的整体上把握作品的风格流派。感知作品的体裁特点，从而更立体、更深层次地引导学生了解音乐。

3. 自主探究、创编实践。在这一阶段，我们结合"悦"——兴趣、愉悦的感受，以及"润"——对音乐的把握和理解，采用的教学方式为：引导学生依据音乐主题发挥主观能动性，运用编创律动、为主题音乐创编歌词，探索更丰富的音响为乐曲伴奏，并根据相关音乐体裁自主创作音乐作品。

4. 拓展延伸，总结升华。本环节主要从拓展欣赏和总结升华两个步骤展开。"悦润音乐"课堂教学内容的拓展依据教材主要内容，选取教材之外的具有一定审美价值的作品来拓宽学生对音乐文化的认知，深化对音乐内涵理解与感悟。拓展欣赏部分，我们注重对具有教学内容关联素材的收集，引导学生通过相同或不同体裁作品的欣赏，对音乐风格进行对比和探讨。在总结升华环节中，我们通过启发性问题的方式展开课堂评测，帮助学生梳理和回顾本节课所学主要知识点，并根据作品的主题适当对学生进行情感渗透。

"悦润音乐"课堂依据课程标准，研究教材与学情，充分利用区域音乐素材教学资源，设计表现活动及评价任务贯穿在音乐教学过程之中，将"悦润"之根落地于实际课堂。

四、"悦润音乐"的操作策略

"悦润音乐"的课堂操作策略主要分为"以乐享悦""以美润心""润心濡性"三方面展开。

1. 以乐享悦。"悦润音乐"在操作策略的实施上以"悦"为首,与《义务教育音乐课程标准(2011 年版)》中"快乐学习、自信歌唱"为核心的课程价值和育人理念有着源泉本末的联系。其中,"悦润音乐"课堂注重面向全体学生,挖掘个性。"悦润音乐"改变了以往歌唱教学流于浅表、为歌而唱的样态,把学生的自我表现、身心释放和创造性表达放在首位。其中,不同课型的操作范式体现了尊重学生的个性特点,为学生提供了多种自主选择的机会,引导学生主动探索音符的奥妙。在基于以学生为本的育人理念下,引导学生深度参与教学的全过程,享受音乐表现和创造的快乐,从而促进真正学习的发生,回归音乐学习的本质。

2. 以美润心。"悦润音乐"课堂围绕着对音乐"美"的体验、表现、探索和创造,引导学生通过聆听、感受、表现与创造的悦享课堂获得审美体验,能通过聆听欢快的音乐表达愉悦的心情,通过伤感的音乐表现悲伤的思绪对音乐的听觉反馈与感悟。在课堂中,学生能在教师的引导下自主畅谈对不同音乐文化语境的认识,学会与同伴分享自己的观点,在"润物细无声"的学习课堂中培养感受音乐美、表现音乐美、增强鉴赏美和创造音乐美的能力。

3. 润心濡性。"悦润音乐"以对孩子灵性的培养和品格的塑造,以音乐为媒介,为学生传播音乐文化的精神能量。音乐学科组结合元宵佳节、中秋等传统节日文化开展唱、舞结合的表现活动。根据歌曲旋律创编简单的节日歌曲和手势律动,通过这样的方式使得学生在表现节日的氛围中发挥音乐创造能力。除此之外,音乐学科组结合研学旅行开展相关主题式的欣赏和演唱活动。在中国共产党百年华诞之际,科组在小组教研活动中拟定了红歌教唱的教学计划,在红色研学旅行活动中组织学生唱队歌、唱红歌。通过现场感受、声音表现的方式激发学生的情感共鸣,以"润"的方式达到深入人心的情感渗透。

在"悦润音乐"课堂中,我们从"悦"的角度激发学生产生持续探索音乐的动机。在教学过程中,我们遵循学生的身心发展规律,采用易被学生接受的教学方法,引导学生在学习过程中获得对音乐知识与技能的理解、感悟,以激活学生从音乐中发现美和感受美的能力。其次,借助多种教学手段为学生参与音乐活动创造充分的条件。在课堂中鼓励学生模仿和探索相关的声音,引导其在体验音乐美的过程中享受发现音乐美的学习乐趣。最后,通过演奏、演唱、聆听、创作等多种音乐实践活动丰富学生的音乐体验,增强学生创造音乐美的能力。

(撰稿人:林欣欣　苏小珊)

第六节　"溢彩美术"的韵味

美术,是人类塑造独特的艺术形象,表达自己思想的一种创作形式和创作结果。[1] 美术课程在基础教育课程体系中发挥更积极的推进作用。美术课程的实

---

[1] 李文峰. 小学美术教育应围绕"创新"做发展[J]. 教育,2016(10):54—55.

施,可以发展学生的创造精神和实践能力,还可以为学生各方面的发展打下良好的基础和促进作用。

一、"溢彩美术"的理论溯源

美术这门学科不同于其他的学科,它是一门主观意识占主导的学科。在美术学科的学习过程中,最大化的强调并凸显思维的自由性、主动性和创造性。《义务教育美术课程标准(2011年版)》指出"美术课程应适应素质教育的要求,面向全体学生,以学生发展为本,培养学生的人文精神和审美能力,为促进学生健全人格的形成,促进他们全面发展奠定良好的基础"[①]。而以往"填鸭式的说教"这种单一的教学方式已经不能实现新课标的教学要求,也不能充分体现美术教学的特点。因此,我们认为新时代背景下的小学美术课堂应该是快乐的、自由的、开放的,让学生们最大限度打破传统,摆脱固有思维模式的束缚,尽情舒展个性。让每名学生都带着自己的个性特点参与到美术创作中,并在教师适当引导下合理发挥想象,通过艺术创作自由表达情感,还可以用不同工具、媒材进行创作。因此,我们致力打造快乐、主动的极致美术课堂,提出"溢彩美术"的教学主张。

在美术课堂中,"溢彩"的美术就是让孩子的想象力和创造力在课堂中得到彻底的激发与引导,同时创造多维互动的有利于学生自主学习的教学组织形式,让学生在实践中学习如何发现美、在宽松的氛围中感受美、在自由的创作中制造美,增强学生对美术学习的热情,使学生学有所得,收获满满。

---

① 中华人民共和国教育部. 义务教育美术课程标准(2011年版)[M]. 北京: 北京师范大学出版社,2011: 2.

二、"溢彩美术"的主旨阐述

结合"溢彩美术"的教学特点,我们围绕本学科的四大领域展开研究,同时注重与其他学科的关联性,有效地挖掘美术学科内涵,探寻美术教育对学生多维能力的培养价值,将"溢彩美术"的教学主张主要体现在"乐赏""乐思""乐创"三个方面。

1. 乐赏——乐于欣赏,善于观察。美术教育主要是培养学生树立正确的审美观,提高学生对艺术美的欣赏和认知能力。在教学中,认真设置课堂,使不同阶段学生的认知与教学内容相适应,以多样的教学手段来激发学生欣赏评述美术作品的能力,感受多种作品形式的美,逐步提高学生视觉感受、综合评述能力,并获得审美愉悦。

2. 乐思——乐于思考,主动探究。学生在获得评述能力、观察能力后,教师便可以引导学生进行综合性的美术活动,引导学生乐于探究、主动思考、自由创作。在课堂教学中努力寻找美术与其他学科之间的衔接点,凸显美术学科的综合探究特征,让学生在美术的熏陶下敞开眼界,扩大想象空间,体验探究的乐趣。

3. 乐创——乐于创造,发散思维。① 当今社会需要发挥个人的主体性和创造性。因此,美术课程应注重培养学生的个性以及创新性。在课堂教学中可以采取多种教学方法,基于学生在"赏"与"创"的综合能力上,营造宽松自主的学习环境,设置问题情景,提供原型启发,鼓励学生在课堂中积极讨论、提问、发散思维,从而形成创意,发展学生的创新意识和创造能力。

---

① 季锋.浅谈小学美术教学的创新[J].新课程(小学),2010(4).

"溢彩美术"的内涵在于营造轻松自由的快乐课堂,让每一个学生的个性特点与创作思想得以最大程度的展示,让每一个学生都能感受到美术学习的乐趣,转变被动接受的思维模式,进而实现乐赏、乐思、乐创。由此促进学生美术素养的提升,最终达到培养学生有自信、会欣赏、乐探究、能创作的目的。

三、"溢彩美术"的课堂模型

美术课标要求课堂要面向全体学生,要看到每个学生的不同特点,充分调动学生的学习兴趣,提高每个孩子在美术课堂中学习的主动性,打造快乐、主动、自由的"溢彩美术"的课堂模型。

导入环节——创设情景,营造氛围。调动学生的积极性,提高课堂参与度。兴趣是一切学习活动的基础,是探求知识的内驱动力。因此,美术教学首先要重视培养学生的审美兴趣,培养学生在日常生活中善于发现美的一种本能。有趣的课堂要从儿童的心理特点出发,大胆创新,让枯燥单调的理论知识以轻松有趣的方式输出,强调体验式、实践性。只有激发起学生的学习兴趣,才能实现学习的主动性,从而达到较为理想的教学效果。

启发环节——教师引导,学生为主。教师在讲授环节中,应该起到的作用是引导学生自己去发现问题,然后解决问题。这种学生自主探究式的教学方式充分体现了既以学生为主,又以能力发展为主的现代教育理念。

评价环节——多角度进行评价,充分展示自我。点评环节在整个课堂教学中起着非常关键的总结和验证作用。评价的形式多种多样的,根据评价主体的不同,可分为自评、互评、小组评、教师点评等。在评价的过程中,学生可以从不同的评价主体处获得相对全面的意见和建议,从而可以比较客观地去重新审视自己的作品。教师在教学中多肯定学生个性化的、与众不同的方面,有利于提升学生学习的主动性和积极性。

拓展环节——课堂总结,课内延伸。此环节将理论知识转化为艺术实践的能力,在整个课堂教学中起着画龙点睛的关键作用。所以,本环节所涉及的学习内容要求学生要用更灵活,更开放,更创新的学习方式来完成。将课堂教学的内容与实际生活相结合,可以帮助学生更好地理解所学到的知识,增强课堂教学的实践性。

四、"溢彩美术"的操作策略

"溢彩美术"在教学过程中更好地增强学生的欣赏能力、观察能力、审美能力、艺术语言表达能力以及创新能力,从而打造更活泼的课堂,让学生乐在其中,多维度去挖掘学生各方面的能力。

1. 尊重学生的思想认知。如果想要实现对学生创造力的培养,那么首先要做到尊重每一个学生的想法。现代小学阶段的美术课程受现代社会观念巨大变化的影响,美术创作的新样式、新材料、新手法都在不断更新,这就促使美术形式、门类等不断扩大。学生的思想也不断接受新的事物,甚至部分学生的美术认知比老师还要多。作为教育者,用自己对美术的认知理念来教学生已经远远不够。孩子们有自己的思想和对世界的认识,同样一幅奔跑的老虎的作品,每一个儿童所看到的东西却是不一样的。有的孩子看到一大片森林,他觉得大片的森林很壮观。有的孩子看到老虎的表情很兴奋,他觉得老虎是遇到了什么事情。有的孩子看到老虎的皮毛很漂亮,他想用这个花纹设计一件漂亮的衣服。同样的东西,每个人的关注点不一样。我们应该尊重他们奇妙的想法,去挖掘他们的奇思妙想,让他们的想法不断去涌现。如："可爱的汽车"一课中有一个学生,他认为未来的汽车是没有轮子的,是悬浮的。我们应该尊重他的创新思维,多鼓励这样的学生进行不断的联想和创新,让他有更多的想法,把想法用绘画的方式表现出来。

2. 引导学生自主探究学习。孩子在出生那一刻就在不断发现和探索这个世界,我们要不断给孩子们提供自主发现、自主探究的机会,把学习的主动权交给孩子们,让孩子们主动去学习,主动去探究,提高学习的主动性。例如:湘教版中的"恐龙的世界"一课,给学生提供课题,让学生自己去查询有关恐龙的资料,课上进行汇报。把学习的主动性交给孩子,而不是直接给孩子灌输知识,直接把知识交给孩子,会使每个人学到的都是一样的。但是如果让学生自己去查询,他们将会学到不一样的知识。他们会从中学到更多的知识与技能,比老师直接告诉学生印象深刻很多,同时也会提高学习的主动性。在课堂中进行汇报,让孩子们听到不一样的有关恐龙方面的知识,这又是一次学习。学习的同时也增强学生的自信心。老师需要提供课题,在孩子进行研究时给予适当的指导。学生自己查阅资料,自己总结,自己汇报,培养自主学习的能力。学习过程中,教师采取多种鼓励的方式进行评价。评价方式遵循全面、多元的原则对美术作品和美术活动过程中的表现进行评价。在学习探究中,提供足够的美术学习时间,让学生自主学习探究,例如:美术两节课连堂上,让学生有充足的时间去完成学习。同时,教师要创造适应于自主学习的师生关系,加强学生主体地位和老师主导地位。

3. 引导学生学会与他人合作。现代家庭教育一直关注如何展现自我,却往往忽略了与他人的合作意识。随着社会的进步与发展,人与人之间的合作与相互配合在每一个部门都变得越来越重要。作为未来的人才,人与人之间的合作是一项非常重要的素养。高质量的学习离不开合作学习,每个人的特长是不同的,每个人的精力和时间是有限的,这就需要学生相互协作,把每个人的优势发挥到最大化。例如：湘教版中的《美化教室》一课,该课的学习活动是进行教室少先队角的设计,队角的设计包含的内容很多,优秀作品的展示、班级的荣誉、队角的装饰等等。一个少先队角的设计,一个学生是不能够独立完成的,这就需要学生之间相互配合与协作。在合作中,要根据个人的特长进行分工,擅长交流的学生可以进行优秀作品的收集和筛选。擅长设计的学生进行队角的装饰设计,擅长绘画的学生给队角配图,擅长手工的同学进行装饰品的制作等等。当然还要在每个组有一个擅长交流的组长进行协调各个组员之间的工作,营造合作的氛围,让这个小组能够顺利完成学习活动。所以说,团队的合作精神在平时的学习中是非常重要的。

"溢彩美术"教学致力于培养学生快乐学习、快乐思考、快乐创造的美术思维能力,让学生在快乐中学习,并找到属于自己的绘画表达方式。让每一个学生在美术课中都能享受乐趣,进而增强学生的审美力、表达力、创造力,培养健康美好的心灵。

（撰稿人：黎克科　谢晓璐　孙秀娜）

第七节　"跃体育"的动感

一堂成功的体育与健康课是立足于孩子们年龄特征、身心发展的,是通过合理的体育活动安排,使孩子们跃动起来,增强孩子们的运动技能和运动能力。最难得的是让孩子们的思维活跃起来,实现身心上的腾跃、超越,培养学生的综合能力,促进学生的和谐发展。

一、"跃体育"的理论溯源

体育与健康课往往是孩子们最热爱的课程。但是如果课堂教学过于松散,那无疑是"放羊"式教学,如果过于刻板、严格,孩子们往往会失去兴致,那么就很难达到体育与健康课的目标。通过教学使孩子们爱上体育与健康课,达到强身健体的目的。为此,们提出了"跃体育"的教学主张。本教学主张的实施有效落实《体育与健康课程标准(2011年版)》中指出的体育与健康课程目标"体验运动的乐趣与成功,学会学习和锻炼,掌握基础知识、技能与方法,增强体能,形成健康的生活方式与乐观开朗的人生态度"。[①] 基于其课程目标的特点内涵,我们要把体育这门课程教好,让学生学好,切实落实好体育学科的核心素养,需要明确认识到:通过教师的引领,让孩子们在身体锻炼中感受青春活力的跃动,体会生命的跃动;在课中激发学生的运动兴趣尤其重要,我们通过多样的体育游戏等方式的教学手段,表扬式的评价语言使孩子们在运动过程中心情感到欢跃、雀跃,从而促进学生主动参与体育活动,形成体育锻炼的习惯,使每一名孩子在此状态下掌握体育与健康学习的方法,掌握知识,提高技能,实现在身心方面的突跃。

二、"跃体育"的主旨阐述

小学是孩子接受教育的初级阶段,现阶段的教育是通过科学、合理的教育方法帮助学生养成良好的生活习惯、学习习惯,培养学生身心全面发展。通过体育

---

① 中华人民共和国教育部,义务教育体育与健康课程标准(2011年版)[M].北京:北京师范大学出版社,2011:6.

运动增强学生沟通能力与团队协作能力,让学生拥有集体荣誉感以及强烈的竞争意识,帮助学生从小养成良好的人生观、价值观,这对应了我国体育核心素养下培养孩子的独特品质与关键能力的要求。

如何培养学生的体育核心素养呢?想要培养孩子们的核心素养,我们可以通过"跃"来实现。通过合理的体育活动安排,达到培养学生的综合能力,促进学生的和谐发展,并让学生在跃动中感到雀跃。让学生每天带着期望来上体育课,带着期望恋恋不舍地离开体育课堂。通过课堂不仅要收获强健的体魄,还要获得坚强意志的品格,在身、心两方面实现腾跃、实现突跃。心理学家通过实验证明:优良的意志品质并不是生来具有的,而是在儿童的实践活动中,在克服困难的过程中逐渐形成起来的。小学时期是意志品质形成和发展的重要时期,重视对小学生良好意志品质的培养将对其一生的发展产生重大影响。①

三、"跃体育"的课堂模型

课堂是学生学习的场所,是育人的主渠道。我们通过四个环节:多样导入、乐趣引导、合作探究、拓展健体来构建"跃体育"的课堂模型。

多样导入——可用不同的方式、手段导入本课主题。有故事导入、生活导入、提问导入、示范导入及情景导入法,要给孩子们一个好的开端,激发学生的兴趣与求知欲,调动孩子们的积极性,促进学生愉快投入到课堂学习中,这些导入方法都起着至关重要的作用。

乐趣引导——传统体育教学模式结构呆板单一、形式简单。所以我们要改变

---

① 陆永新. 在体育教学中培养小学生良好的意志品质[J]. 新课程学习(上),2012(7).

体育教学模式,增强课堂教学的趣味性。孩子对新鲜事物易产生兴趣,我们要巧设环节,诱发兴趣。在教学过程中让孩子体验成功的乐趣,激发运动兴趣,充分调动学生的积极性和竞争意识,学生对体育课的兴趣也在不知不觉中更加浓厚了。还有一个教学手段就是体育游戏,充分在课中进行有针对性的体育游戏,能更好地实现学生在快乐中锻炼,锻炼中产生欢跃、雀跃的情绪。

合作探究——在体育运动中合作是不可缺少的一部分,在合作探究中建立展示、评价体系,使孩子们能力得到增强、飞跃。其次合作本身就是愉快的,不仅在快乐中锻炼,更在锻炼中培养学生的合作意识。

拓展健体——在原有技能的基础上,通过总结、反思和课后应用这些环节,培养同学们积极自我挑战能力,增强身心控制能力,真正意义上达到腾跃、突跃。

根据这四个环节构建了"跃体育"课堂模式。从导入环节到拓展健体,不仅强调教师的主导地位,还强调以学生为中心。学习过程充分发挥学生的主体性、主动性和创造性,同时从实际出发,在教学中教会学生学会制定目标,学会与他人合作,学会创造,学会评价,真正体现学生的主体地位。

四、"跃体育"的操作策略

小学是义务教育各阶段中时间和年龄跨度最长的时期,因为每个阶段的孩子表现都是独特的,所以课堂操作策略不可单一。"跃体育"课堂的实施要遵循学生各阶段特点。在一堂体育与健康课教学中,通过合理有趣的教学手段使孩子们欢跃、雀跃。课堂气氛与孩子们的思维呈现活跃,对体育技能的学习跃跃欲试。在技能学习过程中能力得到跃升、跃进,最后实现突跃。

1. "跃"不仅指课堂气氛活跃,还指孩子们的思维活跃。活跃的气氛是体育与健康课中不可缺少的部分,孩子们的欢跃、雀跃使课堂变得活跃。教师除了精心设计的教学内容可以使孩子们欢跃以外,还要善于运用幽默、活泼的课堂语言,让学生不仅仅觉得轻松有趣,更大的是会激发学生的求知欲望,增强学生的学习兴趣。除了课堂活跃,教师是否在课堂上引导孩子们独立思考,发挥想象力,让孩子们的思维也活跃起来,真正做到以学生为主尤为重要。小学体育教学越来越注重对创造性思维的培养,充分发挥好小学体育教师的引导作用,培养孩子想象思维,将小学体育教学与时代特征相结合。① 例如在教师宣布本课内容时,在传统体育与健康课上会直接说出本课内容。那么如何让学生发挥想象力,独立思考,使思维活跃呢? 例如这节课内容是立定跳远,教师可以引导式提问:"同学们,你们知道哪些小动物是双脚起跳双脚落地的吗?"让孩子们独立思考发挥想象力,并举手回答问题。教师会得到很多不同的答案。从而引到本课的技术动作上,让孩子们在练习之前,在脑中有一个基本的运动表象,为之后的技术动作学习打下良好的基础。

2. 教师要鼓励学生在课堂上跃跃欲试,主动参与。传统体育课堂是教师讲,学生听,而现在体育与健康课,学生的课堂表现要求应该是积极参与,跃跃欲试的。孩子们是否在本课中得到能力的增强是我们要关注的地方。小学生的表现欲望大都非常强烈,但有些孩子比较害羞,教师更要鼓励学生勇于展示。在教学过程中,通过展示环节让孩子们建立自信心,得到老师和同学们的鼓励,孩子以后的表现欲望会大幅增强。

3. 教师要充分掌握规范的教学要领,善于发挥示范引领的作用。如在技术动作的学习中,通常小学阶段由于孩子们的肌肉骨骼还在发育中,有些细节动作一

---

① 裴辉. 小学体育教学中儿童创造性思维培养的建议[J]. 才智,2016(6):9.

开始不能做到,所以在学习体育技能环节更重要的是学习基础技术动作。但是教师在示范环节,必须完整地示范技术动作。在教师完整动作示范的过程中,孩子们已经在头脑中建立了完整的一个动作表象。在练习过程中对比一下自己的动作与教师的动作差别在哪里,该如何去解决? 学生自评结束,教师要总结并且补充孩子们没有提到的观点,并鼓励有能力的孩子去进一步学习,可以下节课来向老师和同学们展示学习成果。在评价——总结——展示的过程中,孩子们得以实现突跃。

4. 教师要善于遵循学生年龄阶段特点设计合理的教学内容,实施教学。以下从三个水平阶段来进行诠释。

水平一,低年段的教学,善于创设情景必不可少。低年级段的学生由于高级神经系统发育还不完备,其次有意注意的稳定性都较差,他们还不大会控制自己的情绪,容易被突发的无关刺激所吸引,容易分心。所以教师在课堂上则更多的要将学生带入情境,使其如临其境,尽情参与,让学生们感到体育运动有趣,使学生们带着欢跃、雀跃的情感进行体育锻炼。例如,课堂上需要学生双脚起跳双脚落地时,我们可以设置"小青蛙找妈妈"的课堂情景教学,利用呼啦圈当荷叶进行练习,中间设置障碍,让"小蝌蚪们"历经千辛万苦找到妈妈。学生们在老师创设的情境中进行锻炼,从而获取体育运动带来的欢跃感。

水平二,中年段的教学,要设计内容新颖并形式多样的运动项目,满足学习的欲望。这个阶段的孩子是形成自信心的关键期,他们更容易在活动中产生自豪感,对自己充满信心,挑战意识增强,同时沟通能力增强,能理解他人的观点,更注重自身的跃升、跃进。给水平二阶段的孩子上课时,我们会发现他们在身体练习时容易被新颖的内容所吸引,几乎每项体育活动都喜欢,他们已经不满足于同样的教学手段或者同样的体育游戏了,所以要在课堂上加入内容新颖并且具有一定挑战性的多样的体育运动和教学,例如具有竞争意识强的接力游戏、比赛等,利用该年段孩子们的胜负欲去进行体育锻炼。在水平二阶段的孩子情感容易外露,愿意依靠老师,由老师来评价动作的好坏和判胜负。那么有游戏或比赛就一定会有输赢,教师要及时关注孩子们的心理状态,多利用鼓励式的语言或手段让孩子们在身心方面达到大的飞跃。

水平三,高年段的教学,要引导学生学习一些系统的体育理论知识和适当加大技术动作的挑战性。这个年龄段的孩子已经开始进入青春期,我们发现孩子们的身体各项机能都有了很大的改变。教师可以引导孩子们学习一些系统的体育理论知识,教给学生一些实用有效的技术动作。课后让孩子们回家自己查阅相关资料巩固知识,练习动作,增强技能等。教师还要设计丰富多样的竞赛环节,组织学生比赛,激发潜能,及时奖励。让孩子们收获成功的喜悦,实现突跃,学会锻炼身体的科学方法,养成良好的运动习惯。

打造一堂好的体育课堂,离不开"跃"教育理念。课堂上孩子们的心情"跃"、思维"跃"、表现"跃";教学过程气氛"跃";能力、技能掌握"跃"、教学结果"跃"。各方面相辅相成、相互融合、相互衬托并且相互成就,这样才能使学生在体育课上达到体育与健康课程的理想目标。

（撰稿人：崔译匀）

第五章 社团活动彰显多彩的个性

　　五彩缤纷的社团课程丰富了儿童的校园生活，孩子们带上好奇与期待，向着心之所想的星辰大海奔赴而来，在学习中体验、探究，在活动中收获、成长。社团课程着眼"好玩"，满足了儿童多元选择，更重要的是在过程要"玩好"，发挥课程整体育人功能，丰富孩子们的经历与见识，激活成长动力，教师在社团活动中不断地增强自己的课程开发及实施能力。社团课程花满枝，再为校园增活力。

社团活动是发展学生兴趣特长，开阔视野，陶冶情操，让不同兴趣、能力、需求的学生各得其所，为不同潜能和特质的学生提供发展的空间，让学生在课程中得到全面发展的重要载体，是学校课程实施的重要组成部分。打破年级、班级界限的孩子、家长，通过学校智慧校园平台线上选课，从而创建社团，定期开展社团活动，组建社团指导小组，促进社团课程开发能力。

　　我校"小水滴"课程为了实现"走进社会长智慧，亲近自然展灵性"的课程理念，以"蓝海社团"为重要的实施路径之一，将学生学习的小课堂延伸到大社会，从小书本拓展到大自然，不仅满足了学生多元化的选择，激活学生的成长动力；还提高了学生的综合实践水平，享受生命成长与自然和谐共生的愉悦。经过多年的实践和探索，"蓝海社团"类型丰富，规模不断扩大，并能够坚持常态化有序开展。"蓝海社团"的主要类型有六大类：语言类、思维类、科技类、艺术类、体育类、劳动类，共 70 多个社团。

　　每个学期开学前，课程中心组织教师先根据特长、兴趣申报社团课程，撰写课程纲要提交给课程中心审核，接着社团教师在平台上进行社团创建，内容包括社团名称、社团 LOGO、社团介绍、社团内容等，最后课程中心向家长端发布选课信息，学生根据自身需求线上选课。社团教师精心设计，努力增强课程的吸引力，在选课的过程中，师生角色实现了大翻转，教师主动以儿童的视角思考学生喜欢的课程的样子。开学第二周社团开课，采用跨年级走班上课的形式。学生在学习中逐渐清晰自己的目标，并在学习中体验自身的社会化过程。课程中心根据每周社团课程开展情况,及时跟进,指导老师们开设以学生活动为主的有趣的社团课程,定时检查及时评价。学期末在主题节活动展示中,社团教师带着学生进行精彩的成果展示,课程中心根据各社团过程性及总结性表现进行社团星级评价。

每个周五的下午社团课时间成了孩子们翘首企盼的日子,在校园里,总会让人看见一番别样的风景,"小水滴"们带着自己那颗对世界充满好奇欲探究的心,兴高采烈地奔赴自己选修的社团课,学习自己最感兴趣的知识技能,学校便成了欢乐的海洋!

第一节 语言,灵性的浪花

语言类社团旨在通过训练孩子言语表达能力,挖掘孩子的语言天赋,提高阅读、讲述、写作等语言表达水平,进而培养孩子们良好的口语表达能力和表现能力,使得活泼开朗、乐于表达的性格在课程中悄然形成,主要包括有趣的汉字社团、绘说绘写社团、宋词情韵社团、童言童话社团、英语趣配音社团等。

例如,有趣的汉字社团通过创设轻松愉快的课堂氛围,利用游戏的形式调动学生的学习兴趣,不断采用儿童喜闻乐见的形式来进行教学。社团主题有传统节日及神话故事等,内容来源于生活富有趣味性,活动中注意课程与生活经验的整合,由课堂延伸到课外,让学生在课程中不仅学习了汉字历史,了解中国的传统文化,懂得相关传统节日的来源与习俗,还培养学生主动观察、学习、纠正汉字的意识,能在实践中正确、规范地运用汉字,学生也能在学习中用自己喜欢的方式来表达。

【课程纲要 5-1】

有趣的汉字

一、课程背景

汉字是世界上使用人数最多的文字,它既是记录语言和传递语言的书写符号,又是人们交流思想的辅助工具。随着课程改革的推进,越来越多的教育工作者意识到,流传千年的传统文明,不仅仅是"国学热",也不仅仅是背背抄抄,我们必须要开发出一系列有特色的课程来保护和传承我们的优良文化传统。而汉字恰好是中华文化的瑰宝,是中华民族五千年灿烂文化的主要载体。让孩子们正确地学会汉字,对中华民族的文化复兴亦能产生积极的作用。

二、课程目标

1. 学习汉字历史,了解中国的传统文化,懂得相关传统节日的来源与习俗。

2. 有主动观察、学习、纠正汉字的意识,能在实践中正确、规范地运用汉字。

3. 了解基本字根,能根据字根学习常用汉字;利用学到的构字方法自主记字。

三、课程内容

"有趣的汉字"课程以二到四年级学生为实施对象,课程从构字方法上进行研究探索,从根源上让学生了解造字的过程,了解整个字的来龙去脉,从而避免出现形近字的误用和混用。本课程以中国神话传说和历史故事为脉络,通过讲故事的方式向孩子介绍基本字根,根据字根学习常用字。这个过程不仅让孩子领略中国上下五千年博大精深的历史,同时可以培养孩子形象思维、综合思维、类推思维和审美思维的能力,让孩子掌握一定的规律方法,真正领略到汉字的伟大与奇妙。

(见表 5-1)

表5-1 课程内容设置表

单元主题 / 活动安排	内容	目标	活动设计	资源准备及要求
找找生活中的错别字	找出不规范的汉字	观察常见的错别字,并用归纳法总结出不同错字的种类(词义混淆、形近字和同音字的误用)。	1. 播放广告视频或展示幻灯片,引导学生发现错别字。 2. 引导学生将不同的错字或别字进行分类:误用形近字、混淆词义、误用谐音字。 3. 带上学生在学校附近的街上寻找广告牌上的错别字。	广告视频或幻灯片
汉字里的传统节日之元宵	闹元宵	1. 认识中国的传统节日——元宵节,了解相关的民俗活动。 2. 引导学生学习"元""宵""闹"等常用字。	1. 展示元宵的照片,引导学生思考元宵节里面的元和宵是什么意思?为什么要叫元宵节,又为什么要选择在正月十五这一天? 2. 出示"元""宵""熙"等汉字的古文字图片,引导学生思考这些字的意思。 3. 向学生介绍这些汉字的由来,并介绍元宵的传统习俗,如放花灯、吃元宵。	元宵图片 闹元宵的视频
汉字里的传统节日之端午	酬端午	1. 明白端午节的来历和含义。 2. 了解传统民俗活动,知道屈原的故事。 3. 学习字根"岜"和相关汉字。 4. 运用类比法猜测"湍""端"等常用字的含义。	1. 介绍端午的时间和来历。 2. 出示"岜"的古文字,让学生根据图片,现场猜测"岜"的含义。并据此推测"端""湍"的意思。 3. 提前让学生查询端午的习俗,并在课堂上回答。在学生自主查阅资料的过程中,可以锻炼动手能力,并拓展知识面。在此基础上,教师向学生介绍端午节的习俗:划龙舟,吃粽子。	端午习俗的图片和视频

单元主题\活动安排	内容	目标	活动设计	资源准备及要求
汉字里的传统节日之中元	过中元	1. 了解中元节的来历、含义及传统习俗,感受中华传统文化。 2. 学会字根"鬼"。 3. 综合运用观察法、类比法分析"魂""魄"等汉字的意思。	1. 出示"鬼"的古文字图片,引导学生看图猜字。这个活动可以锻炼学生的观察能力、分析能力和推理能力。当学生了解"鬼"在汉字中的实际意思是"人"之后,再引导学生推测"魂""魄"的含义。 2. 向学生解释魂魄的由来,让学生对魂魄有一个基本的科学了解。	中元节的介绍视频
汉字里的传统节日之中秋	庆中秋	1. 了解中秋节的来源。 2. 讲述嫦娥奔月的传说,让学生了解相关的习俗。 3. 学会字根"月"及中秋节相关汉字。	1. 出示嫦娥的图片,引导学生讲述嫦娥奔月的神话故事。 2. 教师总结学生所说的故事,并介绍"嫦娥"和"姮娥"的变化,使学生初步了解到中国古代的"避讳"习俗。 3. 引导学生说出中秋相关的习俗,介绍习俗的来历和背后的传说故事。	"嫦娥奔月"的视频
汉字里的神话故事——开天辟地1	盘古开天辟地1	1. 了解字根"大"的含义。 2. 运用观察法,直观法,推测"天""夫""立"等汉字的含义。 3. 了解"及笄""弱冠"的含义,感受传统文化。	1. 向学生介绍盘古开天辟地的故事,并介绍字根"大"的含义。"大"的古文字就是一个双臂伸展的人,因此,"大"在古文字里很多时候都指的是人。并讲解"天""夫"等汉字的由来以及它们和"大"的关系。 2. 讲解"夫"时,介绍"及笄""弱冠"的含义。 3. 了解"大"的含义后,让学生当堂摆出"立""交"等姿势,进一步感受字根"大"的含义。	"盘古开天"视频

单元主题 ＼ 活动安排	内容	目标	活动设计	资源准备及要求
汉字里的神话故事——开天辟地2	盘古开天辟地2	1. 继续学习字根"大"相关的汉字。 2. 学会区分字根"大"在汉字中的真正含义。	1. 复习字根"大"在汉字中的含义,并学习"天""吴""央""英"等汉字。 2. 开展"你来比划我来猜"的活动,邀请学生上台讲述自己对汉字的理解,复习"大"字根的含义,锻炼学生的口头表达能力。 3. 在黑板上出示"套""达"等汉字,请学生区分这些汉字中的"大"字,什么时候表达的是"人",什么时候表达的是"大"。	多媒体展示台
汉字里的神话故事——女娲造人1	女娲造人1	1. 了解黄土地。 2. 由女娲造人故事引出汉字"左、右"等,学习字根"手"及其变体。 3. 运用分析法和推理思维,完成猜字游戏。	1. 向学生介绍"女娲造人"的神话传说故事,展示字根"手",讲述"左""右"的由来。 2. 出示"佐""有""友",请学生猜测这些汉字的意思,引出字根"手"的变体形式。 3. 通过猜字的游戏,锻炼学生的分析能力和思维能力。	女娲造人的故事视频/音频字卡
汉字里的神话故事——女娲造人2	女娲造人2	1. 了解字根"手"的含义及其变体。 2. 运用观察法,分析字根"手"相关汉字的含义。 3. 运用类比法,猜测"钮"等组合字的含义。 4. 了解古代祭祀的礼仪,弘扬传统文化。	1. 继续学习字根"手"的变体。展示"祭""拿""掰""拜"等汉字。向学生讲解古代祭祀的礼仪和传统,弘扬传统文化。 2. 出示"钮""妖""娱"几个汉字,请学生根据之前所学的知识猜出这几个汉字的意思。	古代祭祀的视频字卡

单元主题　活动安排	内容	目标	活动设计	资源准备及要求
汉字里的宇宙——太阳	太阳	1. 学习字根"日"及其相关汉字。 2. 了解古代的钟表——日晷。 3. 了解史前大洪水的神话传说。 4. 运用观察法和分析法,完成猜字游戏。	1. 展示象形字"日",并出示"昙""暴""昔",请学生猜测这些汉字的意思。 2. 介绍"昔"的含义,讲述史前大洪水的神话传说。	字卡
汉字里的宇宙——月亮	月亮	1. 学习"月"的由来。 2. 学习和字根"月"相关的汉字。 3. 运用观察法区分字根"月"在汉字中的不同含义,并用类比法推测含有月的汉字的意思。	1. 出示月亮的图片,展示象形字"月",说明月的构字法。出示月相图,讲解初一到十五的月亮的名称和含义,介绍朔望。 2. 请学生根据"月"的含义,猜测"朔""望"的意思,并学习"飧"等生字。 3. 出示"朝""胖",请学生说出这两个汉字中的"月"字根有什么不同。介绍肉月旁,并向学生讲解区分月和"肉月"的方法。	图片字卡
汉字里的中国人	汉字里的中国人	1. 认识和"五官"相关的汉字。 2. 运用观察法和分析法,猜出含有字根"目""手"的生字的含义。	1. 出示汉字"目"和五官图片,引导学生了解"目"的造字过程。 2. 出示"看"等汉字,并请学生摆出相关姿势,引导学生猜出汉字的含义。	图片字卡

四、课程实施

本课程需要准备从学生生活情境入手,搜集节日神话故事等,共 12 课时。具体方法如下：

1. 采用多种途径，让学生"乐"学。通过多种渠道采集学习资源，使识字教学能与运用有效地结合起来，注意语文课程与生活经验的整合，由课堂延伸到课外，充分发挥儿童的主体意识，课堂气氛民主、活跃，学生积极、主动地参与教学过程，增强学生的语文能力。

2. 创设真实语言情境，人体创作汉字。创设轻松愉快的课堂氛围，利用游戏的形式调动学生的学习兴趣，不断采用儿童喜闻乐见的形式来进行教学，如：人体创作汉字、两人猜字、师生猜字等等，将这些儿童生活中的游戏引入课堂，使课堂成为学生学习的乐园。学生在课堂上感受到了游戏的乐趣，对识字就会兴趣盎然。

3. 结合生活经验学习汉字，生活中纠错字。注重从孩子的生活实际出发，调动学生的主观感受，让学生利用已有生活经验在生活中纠错字。

4. 创趣文解字之游戏，感知汉字趣味。收集一些有趣的汉字故事，如白字先生、有趣的谐音或趣用标点之类的小故事，激发学生学习和正确使用汉字和标点符号的兴趣。

五、课程评价

课程评价是测量学生在学业方面实现预期行为的目标程度，是教育工作的重要组成部分。本课程具体的评价方式如下：自评、互评、师评。具体评价内容和评价指标如表 5－2。

表5－2　课程实施评价表

评价内容	评价指标			评价方式		
	一阶	二阶	三阶	自评	互评	师评
观察能力	有观察汉字的意识	能留意观察汉字，了解汉字的字形结构	经常留意、观察汉字，了解汉字的造字过程			

评价内容	评价指标			评价方式		
	一阶	二阶	三阶	自评	互评	师评
参与能力	参与教学活动	主动参与教学活动	积极主动参与教学活动			
表达能力	敢于呈现自己的想法	能够正确地组织和传达自己想要表达的内容	能够自然流畅地表达自己想要表达的内容			
创作能力	有意识地参加一些力所能及的创作活动	在创作活动中能够与他人交流自己的想法,敢于标新立异	能够跳出固有的知识框架,提出自己的见解,培养自己的创新性			

（撰稿人：余丽琼）

【课程纲要 5–2】

绘说绘写

一、课程背景

社会生活的信息化和经济的全球化,英语成为人类生活各个领域中使用最广泛的语言,英语语言能力成为 21 世纪新人的一种交流、沟通的必备技能,特别是海南省自由贸易港的大力开发建设,使英语学习的重要性更为突出。

儿童期是学习外语的关键期,儿童对任何语言都具有极大的敏感性,他们的语言感受能力极强,模仿能力也极强,听觉敏锐,心理障碍少。利用好这一关键期帮助学生学习语言,其重大的意义是不言而喻的。我校六年级学生虽经过了三年的英语学习,但英语水平参差不平,部分学生词汇量少,对现有教材的非故事文本不感兴趣,学习兴趣明显下降,在英语课堂中难以专注学习。在这样的情形下,我们开发了"绘说绘写"英语社团,本社团根据学生的年龄特点,对故事性文本和科普性绘本有着浓厚兴趣,大多数的学生喜欢阅读生活故事性文本和科普文本。我们发现英语绘本阅读可以帮学生打开进入另一个世界的学习之门,特别是故事性绘本和科普性英语绘本,充满趣味的故事能快速吸引孩子进入故事和科学的世界,激发孩子的阅读兴趣,提升学生的学习思维力,使学生乐于分享,进而提高英语的听、说、读、写水平,提高阅读品质,逐渐达成多元学习与价值的目标。

"绘说绘写"英语社团采用外研版系统的小学英语分级阅读绘本教材,配有较为完善的教学资源,结合本校开展的英语 15 分钟的"英语绘说""英语绘演""英语绘写"等短课程,为本课程的开展提供了保障;同时加上多年累积下来的家校合作经验和社会外部条件,为教学服务提供了便利条件。老师们在活动过程中重在激发学生阅读的兴趣,重视学生读的过程,而不是侧重于学习语言知识,让学生从单一的语言学习中跳出来,以此来激发学生的英语阅读兴趣,在提高学生阅读能力的同时,提升学生的阅读品质,提高学生英语水平。

二、课程目标

1. 立足本校英语学情,通过系统的有趣的绘本阅读,激发阅读兴趣,提高英语阅读能力。

2. 通过多元的阅读,获得有效的阅读策略,形成良好的阅读品质,提高英语语言学习的整体水平。

3. 通过多种途径的阅读,了解大自然,拥有热爱海洋、关爱动物,与动物和谐相处的情怀。

三、课程内容

本课程适用于六年级学生,课程以学生最感兴趣的英语绘本为学习资源,通过自我学习、课堂学习和课后分享三种学习方式,让所有六年级学生参与英语绘本阅读学习,都能获得读故事、说故事、演故事等语言实践机会,丰富学生的学习语用体验。本课程主要选择以下两大内容"阅读科普性故事,了解自然与科学"

"阅读动物故事,关爱、保护动物",在帮助学生发展对文本的品鉴能力的同时,也培养了同理心和责任心等品格,促进学生良好品格的形成。(见表5-3)

表5-3 课程内容框架设计

主题	目标	课题	教学活动	课时
主题1:阅读科普故事,了解自然与科学。	1. 利用有趣的科普故事,设计主题学习活动,提高学生阅读水平,同时引导学生在阅读中了解科学和大自然,培养学生热爱科学和大自然的情感。 2. 在学习中领悟"科学探索无止境"的精神。 3. 培养学生与他人沟通,交流与合作的能力。	绘本1:Under the Ice 冰水层之下	1. 主题导入 (1) 教师猜谜导入,创设情境,引出主题。 (2) 观察封面,预测文本,提取封面信息。 2. 内容呈现 (1) 阅读文本,提取关于潜水员准备活动的信息,匹配装备名称图片,思考装备的功能。 (2) 拼图阅读,梳理潜水员下潜后的活动与海底见闻。 3. 内容回顾 (1) 听音频跟读,巩固单词发音。 (2) 回顾文本,完成冰潜过程图,描述冰潜的主要步骤。 4. 内容解析 (1) 分析潜水员进行冰潜的原因,讨论潜水员的精神品质。 (2) 回顾所学内容并总结,课后完成作业想象创造。	2课时
		绘本2:Living in Space 太空生活	1. 主题导入 (1) 总结自身生活经验,为后续对比作铺垫。 (2) 通过观察封面图片和文字,获取封面信息。 2. 内容呈现 (1) 初步阅读,了解关于太空的词汇和背景知识。 (2) 教师带读,学生提取关于人在地球上与太空中不同生活状态的第一条信息。 (3) 自主阅读,提取关键信息,完成对比图。 3. 内容回顾 (1) 朗读故事,巩固重点词汇的发音。 (2) 自主描述,对比人在地球上与太空中的不同生活状态。 4. 内容讨论 (1) 阅读补充文本,加深对宇航员工作的了解。 (2) 归纳成为宇航员的必要条件。 (3) 观看视频,激发对宇航员职业及太空探索的兴趣。	2课时

主题	目标	课题	教学活动	课时
主题2：阅读动物故事，关爱、保护动物。	1. 利用动物之间，人与动物之间生动有趣的故事，设计主题学习活动，提高学生的英语阅读水平，形成有效的阅读策略；同时通过讨论、分析等活动，培养学生的思维品质。 2. 在学习教程中让学生领悟"同伴互助，共渡难关""不计前嫌，与人为善""关爱流浪动物，保护动物，人类与动物和谐共处"的精神与情感。 3. 培养学生与他人沟通，交流与合作的能力。	绘本3：Big Dinosaur 大块头和小不点	1. 主题导入 (1) 通过观察封面图片和文字，获取封面信息。 (2) 通过观察封面图片，发现问题，预测故事。 2. 内容呈现 (1) 图片环游，了解故事背景，初步感知人物性格特点。 (2) 自主阅读，根据教师提出的问题，对故事结局进行预测。 (3) 自主阅读，了解故事结局，梳理故事脉络。 3. 内容回顾 (1) 阅读文本，回顾故事内容；朗读故事，巩固重点词汇的发音。 (2) 概括故事中发生的问题，分析判断解决方法。 4. 内容解析 (1) 分析故事中人物待人处事的方法，推断人物性格，体会人物情感。 (2) 改编故事，从不同角度对故事进行探讨，提升创新能力。 (3) 结合生活实际进行反思，培养正确待人处事的能力。	2课时
		绘本4：Saving shark 营救鲨鱼	1. 主题导入 (1) 观察封面，获取封面信息。 (2) 回答问题，激活对鲨鱼的已有认知。 2. 内容呈现 (1) 观察故事高潮与结局的图片，预测故事内容，猜测鲨鱼、斑点鱼和章鱼的关系。 (2) 阅读故事的起因和经过部分，验证鲨鱼、斑点鱼和章鱼的关系。 (3) 阅读全书，梳理故事中出现的问题和解决办法。 3. 内容回顾 (1) 听音频，跟读故事，内化语言。 (2) 根据故事情节图，运用所学语言，讲述故事。 4. 内容解析 (1) 分析鲨鱼、斑点鱼和章鱼的性格特点，并陈述理由。	2课时

主题	目标	课题	教学活动	课时
			(2) 分析斑点鱼的心理变化与产生变化的原因,以及鲨鱼冲斑点两次张嘴目的的变化,体会作者的写作意图。	
		绘本 5:Robber Cat偷东西的猫	1. 主题导入 (1) 自由讨论,激活已知,导入主题。 (2) 阅读封面图片和文字,获取封面信息。 (3) 基于问题,引发兴趣,激发阅读期待。 2. 内容呈现 (1) 快速阅读,在教师的带领下寻找故事中出现的问题和解决办法。 (2) 自主阅读,梳理故事情节,提取关键词。 3. 内容回顾 (1) 针对文本进行听读,内化语言。 (2) 故事情节排序,检测对故事是否理解。 (3) 借助任务单和关键图片,复述故事。 4. 内容讨论 (1) 针对故事中 Molly 的做法,提出自己的观点。 (2) 针对流浪动物这一社会问题,发表自己的观点。	2课时
		绘本 6:Dolphins to the Rescue海豚救生员	1. 主题导入 (1) 谜语导入,引出海豚,激活背景知识。 (2) 观察封面及索引词汇,预测故事内容。 (3) 初读文本,验证预测,了解故事大意。 2. 内容呈现 (1) 观察图解,了解 Todd 被鲨鱼袭击的过程。 (2) 自主阅读,梳理 Todd 被救援的过程。 (3) 同伴讨论,分析 Todd 被鲨鱼袭击的原因。 (4) 观察照片,了解 Todd 的现状。 3. 内容回顾 (1) 听音频,巩固重点词汇的发音。 (2) 角色扮演,根据 Todd 的遇险故事进行模拟采访。 4. 内容讨论 (1) 拓展阅读,了解更多关于 Todd 遇袭的信息。 (2) 结合生活实际,分享更多关于动物救援的故事。	2课时

四、课程实施

本课程需要准备英语绘本、电脑、音响等教学器具,共需 12 课时.具体实施方法如下:

1. 课前自主阅读预习。通过扫一扫绘本书上的二维码,自主听读绘本故事,理解故事内容,查找解决生词。以此提高课堂学习的效率,培养学生的自学能力。

2. 课堂合作探究学习。在课堂学习过程中,组织学生建立 6 或 7 人为一小组的合作学习方式,以分组共读的方式解决阅读学习任务。学习过程中以任务为驱动,小组分工合作学习,选出组长或轮流当组长。学习任务包括讨论、调查、填表等,组长负责组织、分工和收集表格等任务。教师在学生学习过程中观察并指导,及时跟进学生的学习情况。以任务为驱动分工合作式学习,提高学生学习的效率,使其主动形成思考、分析、运用、创新的学习策略。

3. 课后故事交流分享。本课程和学校的午间 15 分钟的故事分享短课程结合,布置课后的分享故事作业,让学生以自读故事,合作读故事;自说故事,合作演故事等方式完成,在全班分期,分组展示汇报。通过分享,培养学生的英语综合运用能力,同时师生共享学习成果,共享学习成就喜悦,提高学生的学习成就感。

五、课程评价

教师采用多种方式激励学生,激发学生上课热情,促进学生灵性释放,采用自评、互评、师评督促课堂学习,展示自我。(见表 5-4、表 5-5)

表 5-4　课程实施过程性评价表

评价内容	评价指标			评价方式		
	一阶	二阶	三阶	自评	互评	师评
积极参与	能理解并回答	能初步复述并改编或续写故事	能流畅地讲故事或表演故事			

评价内容	评价指标			评价方式		
	一阶	二阶	三阶	自评	互评	师评
合作探究	小组内能基本完成任务	能配合小组成员解决阅读任务	小组合作时积极思考、主动分析、运用创新的学习策略解决问题			
模仿创造	能模仿	能大胆想象，勇于创新	能发挥想象力，大胆创造表演			
分享交流	能参与交流，主动他人合作	能大胆开口，能流畅地表达	能主动地，有逻辑性，有创新性地表达			

表5-5　课程实施进阶性评价表

评价内容	评价指标			评价方式		
	一阶	二阶	三阶	自评	互评	师评
每月故事分享	能个人讲原故事	能参与小组表演原故事	能参与小组创新、改编、表演新故事			
期末故事分享	能个人讲原故事	能参与小组表演原故事	能参与小组创新、改编、表演新故事			

（撰稿人：邢增珠）

第二节　思维，炫彩的火花

　　思维类社团旨在培养学生科学严谨的思维方式，让学生在自由中探索，坚持以"思"为先，坚守以"用"为标，提高逻辑思维能力，主要包括水滴理财社团、智力冲浪社团、"奥"游数学社团、奇妙的九宫格社团、奇妙的数独社团等。

例如,水滴理财社团突破学科界限,站在综合角度,联系现实生活设计和指导具体的探究活动,在探究过程中,为学生提供可以操作的实践活动任务单及实践探究指导。如在"跳蚤市场"活动中,让学生进行自由买卖,并将所得款项捐给山区需要的小朋友,培养正确的健康的理财观念;建立"水滴超市",学生可以利用评价海里积分进行自由兑换。学生小组合作走进生活进行市场调研,走进市场、超市、银行,在集体思维的基础上达到对理财有正确的认识。

【课程纲要 5-3】

水滴理财

一、课程背景

随着人们生活水平的提高,孩子们的零花钱越来越多,大手大脚的习惯也随之养成了,他们体会不到生活的不易,多数的孩子是没有正确使用金钱和理财意识的。家庭在孩子的理财教育中起着重要的作用,但是一部分的家长认为自己小时候生活不富裕吃了很多苦,现在条件好了,孩子理所当然要享受最好的,多数家长投入大量的财力人力去培养孩子的数理化、艺术、体育,却很少对孩子的金钱使用观念和理财的能力进行培养,他们认为对孩子进行理财教育是浪费时间;也有一部分家长认为理财是大人的事,小孩子长大了就会理财了,现在为时过早;甚至还有些家长无节制地进行消费,没钱花就进行各种网贷,导致将错误的消费观传递给孩子,对孩子的理财能力发展产生了非常消极的负面影响。当然也有一部分家长已经认识到对孩子理财教育很重要,但是无从下手也就置之不理了。

我们在经过前期的问卷调查和对家长走访中发现,九小学生的理财教育现状也不容乐观,希望通过开设理财方面的课程帮助学生获得理财知识、发展理财技能,"水滴理财"课程的开设,让孩子们在活动中培养正确的金钱使用观和理财意识,使孩子们学会生活,学会做人。

二、课程目标

1. 以发展为本,在学习与生活中学会理财,培养正确的理财意识、理财能力和良好理财品质,形成正确的金钱观和价值观。

2. 形成珍惜财富、创造财富、奉献财富的意识和能力,促进良好道德素养形成,提高生活的幸福感。

三、课程内容

本课程适用于五至六年级学生,以活动为主线,从课堂延伸到课外,从学校延伸到家庭、社会,多维开发社会资源,本着全员性、发展性、灵活性、开放性等进行多维整合。(见表5-6)

表5-6　"水滴理财"课程内容安排表

单元主题＼活动安排	内容	目标	活动设计	资源准备及要求
金钱篇	认识金钱	1. 通过认识"钱"的历史演变,正确看待金钱的价值和意义。 2. 通过"钱能做什么"的小小辩论会,使学生形成正确的价值观。 3. 通过盘点自己小金库的活动,使学生养成精打细算的勤俭美德。	活动一:揭秘货币的起源。 活动二:说说钱能做什么。 活动三:盘点小金库。 1. 小金库的来源。 2. 经验论:怎样成为积少成多的小富翁的?	1. 金钱的起源和演变的历史资源。 2. 人民币各种面值资源。

单元主题 \ 活动安排	内容	目标	活动设计	资源准备及要求
购物篇	模拟超市	1. 通过模拟购物培养人民币的换算及简单的计算能力。 2. 在付币的过程中,培养思维的灵活性、探究的积极性、合作的主动性。 3. 在取币、付币、换币、找币等购物活动中,培养思维的灵活性,与他人合作的态度。	活动一:人民币兑换。 活动二:模拟超市购物。	1. 找零钱、买东西过程中的简单加减法计算方法。 2. 标价卡、商品等资源。
	购物	1. 通过真假人民币的辨认,提高学生的防范意识。 2. 通过超市中的购物促销活动,引导学生通过比较和鉴别评估哪种促销的商品更优惠。 3. 在活动中能够培养学生合理运用数学解决问题的能力。	活动一:假币的辨认。 活动二:列出购物清单。 活动三:超市购物。 1. 了解折扣。 2. 货比三家选取性价比高的进行购物。	1. 人民币各种面值资源(假币)。 2. 走进超市了解商品价格。 3. 了解商品打折促销的含义。
	旅行	1. 加强对旅游信息的搜索分析能力,对旅游费用进行合理的预算。 2. 在解决简单实际问题的过程中,初步体会分段计费问题的相关信息。 3. 进一步积累解决问题的经验,寻找解决问题的策略。	活动一:制作出游计划书。 活动二:旅游经费预算。 活动三:出游。	各个景点的票价,酒店的费用、餐费、路费,火车、航班的信息。

单元主题／活动安排	内容	目标	活动设计	资源准备及要求
储蓄篇	我的压岁钱	1. 了解压岁钱的意义,树立学生正确的消费观,培养学生用正确的态度对待金钱的意识。 2. 培养"财商",并帮助少年儿童从小树立正确的金钱观、理财观。	活动一:畅谈自己压岁钱的管理方式。 活动二:畅所欲言20元能做什么? 活动三:小小辩论会:金钱是好是坏。	1. 了解有几种存款方式。 2. 了解一些理财产品。
	走进银行	通过礼仪培训,参观银行、点钞比赛,体验了解银行的基本职能,培养理财意识。	活动一:参观银行。 活动二:了解储蓄。 活动三:点钞比赛。 活动四:开设个人银行账户。	1. 准备听课记录本。 2. 银行知识的收集。
劳动创造财富篇	人生第一桶金	1. 使学生通过劳动,实现自我价值。 2. 让孩子们从小懂得劳动伦理学,从小学会理财,锻炼生存能力,更帮助孩子们养成人生所需要的智慧和正确的价值观和人生观。	活动一:中秋节预售月饼。 活动二:了解月饼制作流程。 活动三:一起制作月饼。	了解什么是预售,感受预售的好处和风险,预售如何保证信誉。
爱心篇	跳蚤市场	1. 通过跳蚤市场的活动,培养学生的勤俭节约的习惯。 2. 通过买卖兑换,增强学生的正确理财观念。	活动一:整理自己闲置的物品。 活动二:学生把自己闲置的物品带到学校进行买卖、等价交换。	在商品质量相同的情况下,要选择价格较低的商品。
	小水滴献爱心	1. 了解贫困山区儿童的生活不易,珍惜自己的生活。 2. 通过"小水滴牵手索玛花"活动,增强学生的献爱心的意识。	活动一:小水滴与索玛花牵手捐书活动。 活动二:把跳蚤市场所得的钱款捐给凉山贫困山区的孩子们。	1. 了解四川大凉山孩子们学习生活的艰苦。 2. 准备要捐赠的书籍。

四、课程实施

"水滴理财"课程在开发与实施中突破学科界限,站在综合角度,联系学生现实生活设计和指导具体的探究活动。在指导学生开展课题探究过程中,为学生提供可以操作的实践活动任务单或者实践探究指导。在小当家节中开展"跳蚤市场"活动,学生进行自由买卖,并将所得款项捐给山区小朋友,对学生进行正确的理财观念教育。在活动开展过程中,建立"水滴超市",学生可以利用评价海里积分进行自由兑换。总之,孩子们在小组合作走进生活进行市场调研,走进市场、超市、银行,通过多种体验对理财有正确的认识。

五、课程评价

本课程主要采取自主评价的方式,学生在了解本课程自我评价的内容和要求后,课堂上注重自己的学习态度、方式、实践能力,通过在自主发展意识的支配下,以我为主,主动进行对学习行为和效果的评价,继而自觉约束自己的行为。(见表5-7)

表5-7 "水滴理财"课程评价表

评价内容		评价指标			评价方式		
		一阶	二阶	三阶	自评	互评	师评
学习过程	学习态度	学习态度较好	学习态度积极向上	积极参与每个学习活动,有自己的主张			
	团结协作	能与同学协作完成学习任务	能与同学团结协作完成学习任务	能与同学团结协作、积极主动参与探究学习			
	理财意识	有正确的金钱观	有一定的理财意识	有正确的金钱观和价值观,有较强的理财意识			
学业评价		按时完成作品	每次作业积极认真完成	每次作业都积极动脑,认真完成,作业中体现出自己的想法			

(撰稿人:孙杨)

【课程纲要 5‐4】

智力冲浪

一、课程背景

我们的教育应该是创设适合儿童发展的教育,要以全体学生各方面素质从小得到协调发展为基础,引导鼓励学生个性化发展。为了让课程更具特色化,为了给学生的全面发展提供更广阔的空间,我们的课程由原来的国家课程模式走向以国家课程为基础的校本化地方课程为辅助的多元化教育模式。

数学与生活实际联系起来,让学生体会到生活中处处充满数学,积极鼓励不同学生有差异地发展,更好地发展学生的逻辑思维,使逻辑思维与直觉思维、形象思维相结合迸发创新思维,我觉得有必要借助现实的数与形,运用相关的操作训练,激发学生的想象,提高学生的数学思维品质。

二、课程目标

1. 用图形割补、实践操作等方式演绎数学。

2. 着重数学思维、推理演算、实践体验等方面的训练,体会数学与自身生活的密切联系,感受数学的价值,激发学习数学的自主愿望,感受学习的乐趣。

3. 通过数学思维能力的训练,提高学生主动思考问题、发现问题、探究知识的品质。

三、课程内容

本课程适用于五、六年级学生,基于以上思考,我们从文化内涵、生活底蕴中去延伸,开发了以发展学生数学思维和数学素养为核心的课程。(见表 5‐8)

表5-8　课程内容安排表

单元主题＼活动安排	内容	目标	活动设计	资源准备及要求
我会测量	探索生活中物体的长度、面积、周长等方面的测量方法。	1. 在学习了小数乘除法知识基础上,加深对已学知识的理解和深化。 2. 获得测量特殊物体的长度、质量、面积、周长等活动经验和具体方法,培养小组合作精神和问题解决能力。	1. 寻找身体中的尺子。 2. 小组合作,测量桌子的高度、黑板的长度。 3. 记录分析数据,获得活动方法。	米尺
设计方案	设计测量篮球场、校道、停车位的方案。	1. 通过实践活动,认识米尺、卷尺、测绳等实地测量工具的用途并掌握尺测、绳测、目测、步测等多种测量方法。 2. 能在实践活动中学会灵活运用多种测量工具和方法,较准确地测量出事物的长度。 3. 在测量过程中,学会与他人合作,学会交流与分享。培养认真做事、严谨学习的良好习惯。	1. 在老师的带领下认识米尺、卷尺、测绳等实地测量工具的用途。 2. 小组实地考察。商量讨论测量方案。 3. 设计测量篮球场、校道、停车位的方案。	米尺卷尺测绳
测量阶段	进行篮球场、校道、停车位的测量。	1. 在实践活动中,思考并寻找解决实际问题的策略和方法,体会数学与生活的密切联系,树立运用数学解决实际问题的自信。 2. 学会与他人合作,学会交流与分享。 3. 培养认真做事、严谨学习的良好习惯。	1. 小组合作进行实践活动,带着测量工具测量学校的篮球场、校道、停车位等,分工合作做好记录。 2. 测量篮球场、校道、停车位。小组成员做好测量记录。 3. 积极解决测量中存在的难题及疑惑。	米尺卷尺测绳

单元主题 / 活动安排	内容	目标	活动设计	资源准备及要求
交流展示	交流测量篮球场、校道、停车位过程中的解决策略。	1. 培养良好的与人交流的态度与能力。 2. 体会感受学习活动带来的成功愉悦。	1. 小组内交流实际测量中解决实际问题的策略和方法。 2. 小组代表上台发言。 3. 生生互评。 4. 小组评价。 5. 最佳小组表彰。	成果展示的 ppt
有趣的"数独"1	认识四宫格、六宫格、九宫格数独的盘面构成。	1. 认识四宫格、六宫格、九宫格数独的盘面构成。 2. 了解游戏规则，尝试游戏。	1. 出示四宫格、六宫格、九宫格数独图片，认识它们的样子，熟悉盘面的构成。 2. 通过教师的讲解了解游戏规则。 3. 分小组尝试游戏，感受游戏的趣味。	四宫格六宫格九宫格数独的盘面
有趣的"数独"2	探究"数独"的玩方法。	1. 在认识"数独"游戏的规则下，继续探究"数独"的玩方法。 2. 通过数学游戏，提高学生数学逻辑推理水平，培养学习数学的信心和兴趣。	1. 分小组说说自己玩"数独"的感受。 2. 代表发言怎么才能玩好"数独"。 3. 探究"数独"的玩法，学习更多的玩法并实践玩法的妙处。	九宫格数独的盘面
神奇的圆（认识圆）	认识圆，掌握圆的特征，了解圆各部分的名称，理解和掌握在同一圆内（相等圆）直径与半径的关系，会画圆。	1. 认识圆，掌握圆的特征，了解圆各部分的名称，理解和掌握在同一圆内（相等圆）直径与半径的关系，会画圆。 2. 培养学生的观察、分析、比较、概括和实践能力。	1. 教师让学生出示自己提前制作的圆。 2. 说说自己对圆的认识，交流中掌握圆的特征。 3. 了解圆各部分的名称，理解和掌握在同一圆内（相等圆）直径与半径的关系。 4. 试一试画圆。	圆规直尺

单元主题＼活动安排	内容	目标	活动设计	资源准备及要求
神奇的圆（圆的周长）	圆的周长计算公式的推导、运用圆的周长公式进行计算、解决问题。	1. 会说出圆周长的意义。 2. 参与圆的周长计算公式的推导过程，能有条理地说出过程。 3. 知道什么叫做圆周率。 4. 会正确说出圆的周长计算公式，包括字母公式。 5. 能运用圆的周长公式进行计算、解决问题。	1. 圆的周长计算公式的推导。 2. 解决生活与圆有关的实际问题。	毛线绳直尺
神奇的圆（面积）	经历估算飞镖板面积、动手操作、讨论等探索圆面积计算公式。	1. 理解并掌握圆的面积公式，能运用公式正确进行计算。 2. 经历估算飞镖板面积、动手操作、讨论等探索圆面积计算公式的过程。 3. 体验圆的面积公式推导的可行性和结论的确定性，感受转化和无限分割等数学思想。	1. 估算飞镖板面积。 2. 进行圆面积计算公式的推导。	飞镖板把圆分成16份32份的学具
巧比分数的大小	分数比大小的简便方法。	1. 让学生通过进一步的分数比较，归纳出分数比较的简便方法。 2. 在比较、交流、汇报、归纳中体验学习的乐趣，增强学习兴趣。	探究分数比较的简便方法。	教学 ppt
巧求分数	灵活运用定律计算一些特殊的分数。	1. 通过练习让学生灵活运用定律计算一些特殊的分数。 2. 在小组合作练习中，培养认真计算，学会验算的好习惯，体验学习的乐趣。	1. 教师出示挑战题，并说清规则。 2. 小组合作练习，灵活运用定律计算一些特殊的分数。 3. 教师组织归纳方法。	教学 ppt

单元主题 / 活动安排	内容	目标	活动设计	资源准备及要求
分数运算技巧	运用技巧计算一些特殊的分数题。	1. 让学生掌握常规的分数四则混合运算,并会运用技巧计算一些特殊的分数题。 2. 通过训练,使学生提高运算速度,增加学生学好数学的信心。	1. 教师出示挑战题。 2. 五人一小组,挑战运用技巧计算一些特殊的分数题。 3. 展示成果。 4. 生生评价,师生评价。	教学 ppt

四、课程实施

本课程需要准备米尺、卷尺、飞盘板等若干,教师带着学生实地考察后进行教学。课程需要 12 课时,具体实施方法如下:

1. "智力冲浪"课程在实施中以训练和发展学生的数学思维为主,让学生体验实践操作的新奇,培养学生分析问题和解决问题的能力。例如在"思维大冲关"活动中,学生利用分数的运算技巧,快乐的思考,巧妙转化,化繁为简;在小组合作"用圆设计"的活动中,让孩子们感受合作学习的温馨;在"我会测量"实践活动中,收集常用数据,思考并寻找解决实际问题的策略和方法,提高学生解决实际问题的水平,感受数学知识之间的相互联系,体会数学与生活的密切联系,树立运用数学解决实际问题的自信。

2. 在课程实施过程中选用贴近学生生活的题材,例如科学奥妙、趣味游戏、生活指南等,讲究趣味性、知识性、逻辑性和思维性相结合,让孩子们感受数学思维的冲击,用数学的智慧深深地滋润孩子们的心灵。

五、课程评价

评价过程具有发展性,着眼于学生进步、动态发展,评价方式多样化,如:学生自评、互评、教师评。通过学习过程和学业评价两方面的有效评价使学生感受数学的价值,激发学生学习数学的自主愿望,感受学习的乐趣。(见表5-9)

表5-9 "智力冲浪"课程评价表

评价内容		评价指标			评价方式		
		一阶	二阶	三阶	自评	互评	师评
学习过程	学习态度	学习态度认真	学习态度积极向上	积极参与到学习活动,有自己的主张。			
	团结协作	参与小组学习	能与同学团结协作完成学习任务	能与同学团结协作、积极主动参与探究学习。			
	思考探究	思考问题,但提出的问题与探究主题不贴切	能够猜想假设,但不能说出依据	能够紧密围绕探究主题提出问题,能够猜想假设还能说出依据。			
学业评价		按时完成作品	每次作业积极、认真完成	每次的作业都积极动脑,认真完成,作业中体现出自己的想法。			

(撰稿人:范丽建 刘露)

第三节 科学,绚丽的美景

科技类社团旨在扩大学生的学习领域,从小课堂延伸至大社会,从小课本拓展至大自然,培养学生发现问题并掌握科学的方法解决问题的能力,感受大自然的美好,激发他们热爱自然的情感,主要包括少年海岛行社团、玩转科学社团、编程猫社团、深蓝创客社团、旋风模型社团、STEAM 社团等。

例如,少年海岛行社团有组织地带领学生走出校门,走向社会,引导孩子了解资源丰富的海洋,真切地体验三亚独特的海洋风光,感受深厚的渔家文化,增强学生的综合实践能力和保护海洋的意识。让学生的学习从小课堂延伸至大社会,从小课本拓展至大自然,鼓励学生根据自己的兴趣确定研究内容,并通过自主发现问题、提出问题,并寻求各种途径处理解决问题;通过小组合作调查、访问、汇报交流,促进儿童的协作探究精神、学习交流能力、相互欣赏的意识的增强。引导孩子学会关注身边的事,探究事物的价值,还可以使学生在自主合作研究的过程中培养起实践能力、团队合作精神和人际交往能力。

【课程纲要 5-5】

少年海岛行

一、课程背景

九小的学生,绝大多数都是土生土长的三亚人,他们在美丽的椰风海韵中成长,在松软的沙滩上奔跑,在欢腾的浪涛中嬉戏,他们对熟悉和赖以生存的海洋有着特殊感情,经调查统计,我们发现喜欢海滨风光的孩子高达 91.3%,大家耳熟能详的景点如三亚湾,去过的孩子占 100%;大东海去过的孩子占 96.6%;大小洞天,去过的孩子占 87.5%;南山寺,去过的孩子占 86.8%。但是孩子有主题游览参观的比例低,如有主题活动去游览三亚湾的占 66.4%;有主题游览的大东海的学生占 32.2%,其他的几个地点更低了。立足于学生的需求,引导我们的孩子去了解自己生于斯、长于斯的海洋,去认识、感受其深厚的人文地理;去了解、探究其神奇的奥秘;去关爱、保护其丰富的资源……将为他们一生的发展,奠定一个坚实丰厚的精神支柱。

海洋生命的摇篮，人类生存和发展的希望。步入 21 世纪，开发海洋，利用海洋，保护海洋，成为吹响全球的号角和声势浩大的行动，越来越多国家意识到"向海而兴，背海而衰"，大家将目光纷纷投向广袤而蔚蓝的大海。中国，一个有着悠久海洋开发和利用历史的濒海大国，海南省也提出了建设海洋强省的战略目标，三亚——一个美丽的滨海旅游城市，醉人的椰风海韵吸引了无数的海内外游客，随着旅游资源的过度开发与利用也向人们提出新的考验。时代呼吁同学们去今天为家乡发展奠定文化知识基础，建立海洋文化情怀，明天为家乡发展做出自己的努力和贡献。

我校是一个海洋特色学校，一直以来学校提倡利用区域资源做适合本地区孩子阳光成长的教育，培养出具有海洋灵性的学生。在追求海洋文化教育的探索道路上，老师基于区域特色开发校本课程积累一些经验。担任本课程教学的老师一直尝试利用滨海城市的资源组织学生参与实践活动，并取得一定成绩。本课程的开发与实施得到三亚蓝丝带协会、红树林保护协会的支持与帮助，为学生的校外实践与调查提供了帮助。学校有组织地带领学生走出校门，走向社会，引导我们的孩子了解资源丰富的海洋，真切地体验三亚独特的海洋风光，感受着深厚的渔家文化，增强学生的综合实践能力和保护海洋的意识。让学生的学习从小课堂延伸至大社会，从小课本拓展至大自然。引导孩子学会关注身边的事，探究事物的价值，还可以使学生在自主合作研究的过程中培养起实践能力、团队合作精神和人际交往能力。

二、课程定位

校本课程立足海洋本土特色，源于生活，让学生感受椰风海韵的熏陶，同时达到实践能力、合作能力的增强，培养学生成为知海、爱海、亲海的社会小公民。

三、课程目标

1. 通过合作小组的集体研究，感受与他人协作交流的乐趣，增强自信心，亲近大自然，乐于在自然环境之中参与小型探究活动；亲身感受大自然的美妙，体验椰风海韵的魅力，培养热爱海洋，保护海洋的意识；观察生活，体验生活，懂得三亚是我们生长的地方，三亚人的朴素、勤劳、勇敢、创新是我们应传承的精神，从而为我是三亚人而感到自豪。

2. 根据自己的兴趣确定研究内容，并通过自主发现问题、提出问题，并寻求各种途径处理解决问题；通过小组合作调查、访问、汇报交流促进儿童的协作探究精神、学习交流能力、相互欣赏的意识的增强。

3. 通过对海洋相关主题的调查，了解三亚渔家的风土人情，了解丰富的海洋生物、海洋养殖业、海洋旅游等海洋资源；通过活动初步学习提出问题、合作探究问题的方法、懂得解决生活问题的方法、步骤。

四、课程内容

本课程以二至六年级学生为实施对象，课程主题活动的设计思路是基于学生的年龄特征，立足本地区的海洋文化特色，从学生的兴趣爱好出发，设计一些能够引导学生亲身实践和参与的一些具体内容，让所有选择本门课程的学生都能获得实践机会，丰富学生实践经历，在活动中亲近海洋，了解三亚。所以主要选择以下四个内容板块：游玩三亚、美食三亚、印象三亚、讲述三亚。（见表5-10）

这四个板块的内容设计的顺序考虑是，先给孩子们介绍一些关于三亚的常识，让学生初步有所了解，有利于学生选择先游玩什么地方、品尝什么特色美食等作出自己的判断与选择。然后指导学生围绕自主选择的内容开展游学活动，最后以多种形式讲述自己的三亚之行。

表5-10 课程内容的框架结构表

主题	目标	课题	活动环节	活动建议	活动时间
游玩三亚	1. 利用令人心旷神怡的自然风光资源设计主题学习活动,引导学生在游玩中了解海南,培养学生热爱海岛的情感。 2. 懂得旅游中的安全知识。 3. 学会利用多种方式收集资料,尤其是网络的应用。 4. 大方地和他人分享游玩的快乐。	1. 嬉戏三亚湾	1. 老师创设情境。 2. 引导学生抓住关键词搜索资料,并整理有用的资料。 3. 与同学分享海边旅游的注意事项。 4. 设计海边玩耍的项目并邀请好朋友玩耍,并完善自己设计的活动。	1. 活动准备 教师准备风光图片、搜索资料记录表等。学生准备:提前根据自己的兴趣收集这4个景点的资料。 2. 引导学生大方清晰地描述自己的收获。 3. 引导学生观察环境,鼓励学生大胆设计。 4. 带领学生在行走中观察、感悟。 5. 鼓励学生与他人友好合作,感受分享的快乐。 6. 在实际环境中增强学生提出问题、解决问题的能力。	一周
		2. 探秘呀诺达	1. 了解热带雨林文化。 2. 雨林谷旅游的注意事项。 3. 提前准备好问题,学会采访。		一天
		3. 徜徉槟榔谷	1. 收集槟榔谷的资料,并与同学分享。 2. 了解黎苗族文化,了解非物质文化遗产。 3. 实践:经历一次调查活动,并完成调查报告。		一周
		4. 游览分界洲	1. 收集分界洲的资料,并与同学分享。 2. 了解水族馆参观的注意事项。 3. 选择常见的一种海洋生物,查阅相关资料并为它代言。 4. 采访并尝试完成报告的撰写。		一周

主题	目标	课题	活动环节	活动建议	活动时间
美食三亚	1. 本单元以"食"为主线引导学生在走访过程中了解三亚,了解传统手艺的传承与创新。 2. 提高学生的生活自理水平。 3. 在活动中激发学生的创新思维。	1. 品味特色海鲜	1. 走访海鲜广场,了解海鲜种类,做好记录,制定品尝海鲜指南。 2. 与大家分享自己调查的成果。 3. 图文并茂介绍海鲜美食。 4. 尝试做一次海鲜大餐。	1. 活动准备 教师准备:三亚美食的一些图片和资料(包括一些小吃的做法)、提前对采摘地点进行踩点、准备一些海南小吃的文创作品。学生准备:根据本单元采访亲朋好友关于最喜欢的三亚美食有哪些? 2. 引导学生在主题活动中设计合适的采访问题和做好记录、整理资料的方法。 3. 在实践中感受传承中创新的做法,鼓励学生大胆地创作。	一天
		2. 采摘本地热带水果	1. 了解热带水果。 2. 学习挑选新鲜的水果。 3. 实地考察,了解水果保鲜方法和水果物流方式。 4. 创意水果拼盘。		一天
		3. 品尝特色小吃	1. 走访市场,了解三亚的经典小吃。 2. 走访了解传统小吃的传承与创新。 3. 尝试做一种海南小吃。 4. 设计三亚新特产,并为新产品做一次宣传。		一天
印象三亚	1. 本单元主要是带领学生在研学过程中了解历史,感受三亚文化。 2. 懂得参观的注意事项。	1. 初探地形	1. 了解三亚名称的由来,激发学生探究地形的乐趣。 2. 学会看地图。 3. 制定旅游攻略。 4. 走访了解海岛地形。	1. 活动准备:教师准备:关于三亚地理、历史的文字、图片资料、亲自到红树林保护区踩点,设计研学记录	一天

主题	目标	课题	活动环节	活动建议	活动时间
	3. 领略勤劳而勇敢的三亚人创造这座美好的城市,收集三亚老照片,领略三亚新风貌。 4. 学会描述参观记,并提出自己的建议。	2. 研学崖州学宫	1. 查阅资料初步了解三亚名称。 2. 研学崖州学宫、三亚博物馆,了解三亚历史。 3. 参观三亚疍家文化陈列馆,了解三亚勤劳智慧的人民。	表及研学的安全相关事项。 学生准备:查找这三个地点的相关资料。 2. 在活动前利用校园资源,引导学生学会参观礼仪。 3. 在参观研学中引导学生尊重历史,正视传统文化、爱护环境。	一周
		3. 守护红树林	1. 参观红树林并了解红树林是一种生态系统。 2. 知道红树林的生长过程及危害红树林的外来物种。 3. 做一期保护红树林的宣传,增强珍惜红树林的意识。		一天

五、课程实施

本社团课程利用区域资源开展实践学习,三亚湾、疍家人博物馆、海鲜市场等等与主题学习有联系场所都是开展活动的天地,我们利用这些区域资源引导学生探究真实世界的问题,引导学生关注生活,从生活现象发现本质。探索周期一个月左右,主要采用以下几种实施策略:

1. 任务驱动激发探究兴趣。在教学过程中学生提供体验实践的情境和感悟问题的情境,围绕任务展开学习,以任务的完成结果检验和总结学习过程等,大大提高了学习的效率,培养他们独立探索、勇于开拓进取的自学能力。使学生主动建构探究、实践、思考、运用、解决高智慧的学习体系。

2. 倡导合作探究式学习。在课程实施过程中,组织学生建立三到四人实践小组,选出组长或者轮流做组长,选出合作任务分工,例如组长负责召集组织、协调管理,收集和上交项目表格等任务,在小组选一个重点做记录的学生,用纸笔和手机记录小组实践过程,这个实践过程包括讨论过程、填表过程、集体体验过程、一道参观研究过程等。指导小组开展实践的探究内容,例如三亚海产品及其食用方法,三亚人怎样制作海鲜,进行实地采访,设计基本的采访内容,选择被采访的居民等。

3. 立足学生实际设计活动。教师依据项目化学习流程设计活动方案,引导学生在真实情境中解决基于自己经验基础的又能促使自身能力增强的问题。因为考虑是小学生,设计一些非常简单的基本要素,活动主题、小组成员,分工情况,解决问题是什么、做哪些准备、记录项目实践过程等。教师提供项目表格,并在学生填写过程中进行指导,在学生实践过程中进行监控,发现学生项目实践中的问题等。

4. 注重汇报交流分享研究成果。让学生在活动开始前、活动过程中面对面的交流、及时在组里反馈学习情况,方便形成学生之间的互帮互助,也有助教师跟进学生的实践研究情况,及时调整研究方法与步骤。教师指导学生将研究成果以各种喜闻乐见的形式在全班展示汇报,培养学生口头表达能力的重要渠道。通过交流,师生共享实践活动研究的成果,分享成功的喜悦。

六、课程评价

本课程在评价方式上要求做到过程性评价与学习成果终结性评价相结合,做到多元评价,根据不同的任务,采用自评、家长评、老师评,以及同伴评相结合的方法。激励学生积极参与本课程,参与过程中使学生个性特长更好发展。(见表5－11)

表5-11　主题活动过程评价表

评价内容		评价指标			评价方式		
		一阶	二阶	三阶	自评	互评	师评
参与热情		少有举手发言,较少参与讨论与交流。	能举手发言,有参与讨论与交流。	积极举手发言,积极参与讨论与交流。			
21世纪技能评价	合作能力	参与了讨论、工作,并对最终成果进行了评价,但评价过程只是旁观。	帮助协调,推动整个小组的工作,鼓励其他成员,对成果有一定的贡献。	团结合作,在小组中起领导作用,并能给出建议,并帮助其他小组成员,贡献大。			
	信息素养	在同伴的帮助下,能够与人沟通,参与调查获得有效信息,愿意记录调查内容。	在调查中能与别人沟通,获得大量信息,主动记录调查内容。	在调查中善于与别人沟通,能获得大量信息,且信息内容全面,有记录有报告。能反思活动中的不足不断调整研究方向。			
作品创作	作品内容	简单描述调查成果。	能够有条理地介绍。	能够真实具体描述调查过程及结果。			
	作品设计	布局不合理,没有装饰。	布局合理,字迹清晰工整、简单装饰。	布局合理,字迹工整美观、装饰漂亮。			

（撰稿人：林蓝）

【课程纲要5-6】

玩转科学

一、课程背景

随着教育改革不断深化,素质教育受到人们推崇和重视,提高学生的综合素质,促进学生全面发展成为义务教育阶段重要的育人目标。"玩转科学"社团是九小结合小学低年段学生的学习心理来设置的课程,它秉着让学生在玩中学,学中玩的课程理念,将生活中常见物品带入科学课堂,用科学来解释生活中的常见现象。因此"玩转科学"社团通过生活现象向学生渗透科学知识的同时,更应该是对学生科学兴趣的培养和简单实用的科学思维方式的灌输。培养学生课堂上科学的思考习惯,让学生经历并初步养成提出问题、作出猜想、制订实验计划、进行实验、得出实验结果、总结等一系列科学的行为习惯和思维习惯,以及小组探究的活动方式,从而习得团队合作的思维。

二、课程目标

1. 在玩中学提高了动手操作水平,同时感受科学探究的乐趣,学会科学地看问题、想问题,并初步养成一定的科学行为习惯和科学思维习惯。

2. 掌握一些简单的科学知识,理解生活中的一些常见科学现象,知道生活中处处有科学,保持和发展对周围世界的好奇心与求知欲,学会用科学的眼光看待生活、看待世界,初步形成注重证据、敢于质疑的科学态度。

三、课程内容

本课程适用于二、三年级学生,根据学生感兴趣的探究活动,以及生活中随处可见的科学实验材料的选择安排本课程内容。(见表 5-12)

表 5-12　课程内容安排表

单元主题／活动安排	内容	目标	活动设计	资源准备及要求
时刻离不开的空气妈妈	瓶子变扁了	1. 学生了解空气的热胀冷缩带来的压强变化。 2. 学生感受到生活中处处有科学,保	一、强调科学课堂上的行为规范及要求。 二、讲授新课 1. 情景创设导入。 2. 教师引导学生分析产生这种生	漏斗一个温开水半杯矿泉水瓶一个

单元主题 / 活动安排	内容	目标	活动设计	资源准备及要求
		持和发展对周围世界的好奇心与求知欲。	活现象可能的原因。 3. 学生以小组为单位进行实验操作来模拟情景。 4. 学生分享实验现象及进一步修正、分析原因。 5. 师生共同总结。 6. 学生说说自己的感想。	
	浸不湿的纸巾	1. 感受大气压的存在。 2. 学生对生活产生好奇心，对科学产生兴趣，愿意亲近科学、运用科学。	1. 设疑导入。 2. 学生假设并说出理由。 3. 以小组为单位实验操作进行验证。 4. 学生分享实验现象并尝试分析原因。 5. 师生共同总结。 6. 师生分享生活中大气压的应用。	硬的塑料杯 纸巾 一个装水的水缸
	反冲气球	1. 学生体会反冲现象，了解反冲力。 2. 学生在玩中感受到科学探究的乐趣，同时初步学会科学地看问题、想问题。	1. 情景创设导入。 2. 师引导学生分析产生这种生活现象可能的原因。 3. 生小组为单位实验操作进行情景模拟。 4. 生分享实验现象并进一步修正、分析原因。 5. 师生共同总结。 6. 学生尝试说说反冲现象的应用。	气球 5—8米的钓鱼细线 吸管 双面胶 剪刀
	小小喷雾器	1. 学生感受空气越快两侧气压越低。 2. 学生学会关心现代科技的发展。	1. 展示现代喷雾器导入。 2. 教师引导学生猜想原理。 3. 教师发放实验材料，让学生自由组合自制喷雾器。 4. 学生分享实验结果。 5. 教师给与评价并引导学生正确制作小小喷雾器。 6. 教师引导学生总结喷雾器原理。 7. 学生尝试说说该原理的应用。	玻璃杯吸管 剪刀

单元主题 / 活动安排	内容	目标	活动设计	资源准备及要求
	乒乓球跳槽	1. 学生了解空气越快两侧气压越低。2. 学生通过小组游戏比赛，培养竞技精神和团队合作能力。	1. 设疑导入：谁能不借助手让乒乓球从一个杯子跳到另外一个杯子里。2. 学生体验式尝试任务。3. 学生分享体验结果并演示。4. 成功的同学交流方法和技巧。5. 教师引导学生说出乒乓球跳槽原理及方法技巧。6. 学生游戏比赛——比一比哪个小组的乒乓球跳槽多。	塑料杯乒乓球
	纸片互吸	1. 感受空气越快两侧气压越低。2. 学生知道生活中处处是科学，开始学会用科学的眼光看待世界。	1. 情景导入：物品离行驶的火车太近被卷入轨道。2. 学生猜想原因并分享。3. 教师用纸张情景模拟两种情况，学生比较不同，尝试说出纸片互吸原因。4. 教师引导学生总结出原理。5. 师生分享该原理在生活中的应用。	纸片
珍贵的生命之水	水中降落伞	1. 学生感受水的浮力。2. 学生可以提高动手操作水平，体验动手的乐趣。	1. 直接导入。2. 发放实验材料，让学生尝试自制水中降落伞并分享。3. 教师引导学生说出实验原理，并指导学生如何设计、制作水中降落伞。4. 学生修订并展示成品及分享制作过程和感受。	气球乒乓球绳子螺丝帽吸管
	冲水马桶	1. 学生了解"虹吸管"原理在生活中的应用。2. 学生可以提高动手操作水平，体验动手的乐趣。	1. 直接导入：今天我们一起来制作冲水马桶。2. 发放实验材料，让学生尝试自制冲水马桶并分享。3. 教师引导学生说出实验原理，并指导学生如何制作冲水马桶。	大塑料瓶塑料软管塑料盆小塑料杯盛水的缸

单元主题／活动安排	内容	目标	活动设计	资源准备及要求
			4. 学生修订并展示成品,以及分享制作过程和感受。 5. 师生共同说说"虹吸管"原理在生活中的应用。	
	看谁喷得远	1. 学生初步认识水压。 2. 通过体验-掌握技巧-应用比赛等活动,学生初步锻炼科学探究的思维。	1. 设疑导入:谁能喷得远。 2. 学生体验式尝试喷水。 3. 学生分享体验结果并演示。 4. 喷得远的同学交流方法和技巧。 5. 教师引导学生说喷水的原理及喷水更远的方法技巧。 6. 学生游戏比赛—比一比谁喷得远。	带盖塑料瓶 大水盆 小砖头 剪刀 水漏斗
声音好好玩	小小碗乐队	1. 学生初步认识震动能产生声音。 2. 跨学科学习,学生对科学产生更浓厚的兴趣。	1. 情景导入:敲碗。 2. 学生尝试说说声音产生的原理。 3. 教师通过演示两组不同的动作引导学生说出震动发音。 4. 教师演示敲击碗、敲击装水多少不一的碗打出乐音,学生模仿尝试。 5. 学生利用其他实验材料一起尝试编奏乐曲并展示分享。	六个陶瓷碗 一瓶水 筷子
	大家来打电话	1. 了解声音的传播途径。 2. 学会制作土电话。 3. 亲身经历科学探究的全过程,了解科学探究的过程和方法,并初步养成一定的科学行为习惯和科学思维习惯。	1. 设疑导入:电话是怎么传播声音的? 2. 学生体验式尝试制作土电话。 3. 学生分享体验结果并展示。 4. 教师引导学生说出土电话的原理。 5. 学生根据原理完善土电话。 6. 大家一起玩"打电话"游戏。 7. 说声音的传播需要介质这一知识的应用。	几个硬纸杯 几根较长的细线 牙签

单元主题＼活动安排	内容	目标	活动设计	资源准备及要求
不一样的声音	1. 学生感受声音传导媒介不同带来的声音变化。 2. 学生感受科学的奇妙，从而喜欢科学。	1. 情景导入：为什么这两个声音不一样？ 2. 学生猜想并尝试说出原因。 3. 教师让学生倾听不同介质传播的声音并说说感受。 4. 通过教师的引导和体验学生说出声音变化的原理。 5. 师生共同分享生活中还有哪些这样的现象及应用。	一把钢制汤勺普通棉线录音仪器

四、课程实施

本课程的实施强调体验和实践，注重培养学生自主学习和探究精神。本课程共 12 课时，具体实施如下：

1. 基于问题解决的学习，学生从问题出发，在教师的引导下进行一系列的自主探究活动，学生在进行猜想—实验—现象—结论的探究活动中，体验了科学探究的乐趣，感受解决问题的成就感，同时培养学生的科学逻辑思维。

2. 基于生活情境的学习，学生从自身的生活情境出发，在老师的引导下探究生活中常见现象存在的科学奥秘，知道科学能更好地指导我们生活。学生能从中感受到无处不在的科学，生活与科学紧密联系、息息相关。

3. 基于任务驱动的学习，学生从老师布置的任务出发进行探究、实验等活动去完成任务，目的明确，在任务的驱动下学生充分发挥自身的积极性，在这个过程中学生能感受任务完成的成就感。

五、课程评价

根据探究活动过程的内容,本课程从"实验操作""科学知识""科学态度"这三个方面进行评价。(见表 5 - 13)

表5-13　探究活动过程评价表

评价内容	评价指标			评价方式		
	一阶	二阶	三阶	自评	互评	师评
实验操作	能在老师的指导下小组完成实验操作	能以小组的方式合作完成实验	能独立完成实验			
科学知识	能在老师的引导下说出实验原理知识	能小组合作交流,说出实验原理	能独自说出实验原理			
科学态度	能感受到科学与生活息息相关	对科学产生兴趣,喜欢科学	初步养成科学的行为习惯和思维方式,初步形成科学的核心素养			

(撰稿人：陈苗)

第四节　艺术,灿烂的华章

艺术类社团旨在引导学生通过欣赏、表演、交流、创造,以探究合作式的学习形式,培养学生创新实践力,增强艺术审美力。主要包括沙飘画舞社团、小海豚合唱社团、胡声琴语社团、七彩海贝社团、石上花开社团等。

例如,沙飘画舞社团从学生的兴趣入手,运用丰富的教学手段,鼓励学生选择生活中触手可及的沙子,通过"玩沙""画沙""创沙"等主题活动学会沙画的基本知识、技能技巧,在活动中体验实践性学习活动的乐趣,养成利用身边学习资源开展艺术创作的良好习惯。利用三亚湾沙滩体验自己的生活世界,引导学生把自己的想法转化为作品,乐于把自己对艺术和美的理解在沙画作品之中表达出来。孩子们在沙画课中体验生活的乐趣,懂得热爱生活,创造美好的世界,提高艺术修养。

【课程纲要5-7】

沙飘画舞

一、课程背景

三亚是一个美丽的沿海城市,拥有着无数个湛蓝的海湾和延绵不断的沙滩。学校位于椰梦长廊三亚湾畔,长期在海边长大的孩子从小就与沙滩有着与生俱来的浓厚感情,在沙滩上玩耍成为生活的一部分,他们常常用自己灵巧的双手、丰富的想象力在沙滩上作画,描绘出他们心目中的天地。秉承着让每一个生命澄澈明亮的办学理念,把大自然赠予孩子的蓝海灵性延续下去,从而开设"沙飘画舞"课程。

二、课程目标

1. 选择生活中触手可及的沙子,体验实践性学习活动的乐趣,养成利用身边学习资源开展艺术创作,建立亲身自然的积极体验和丰富经验。发挥自己的创意与想象,丰富自己的情感和审美特质。

2. 自主选择空间与内容,自主创作或者合作创作,利用沙子表现自己的生活世界、海洋生物和三亚美景。在实践体验之中锻炼自己与同学合作互动的能力,把自己的想法用沙画作品呈现出来,把自己对艺术的美在沙画作品中表现出来。

3. 初步学会沙画的基本知识、技能技巧,初步学习造型知识,利用沙画进行艺术创作。

三、课程内容

本课程主要面向二至五年级学生,通过"玩沙""画沙""创沙"由浅入深地感受美、理解美和创造美。内容安排见表5－14。

表5－14 "沙飘画舞"课程内容安排表

单元主题 / 活动安排	内容	目标	活动设计	资源准备	课时
玩沙	1. 认识沙画	1. 认识沙子的特性,了解沙画,体验沙画。 2. 了解沙画台使用的安全问题及主要事项。	1. 认识不同材质的沙子。 2. 什么是沙画? 3. 强调用电的安全问题及沙画台的一些注意事项。 4. 体验不同材质的沙子。	沙画台 沙子 课件 音乐	2课时
	2. 沙滩随意画	1. 选择身边触手可及的沙子,体验实践性活动的乐趣。 2. 自主创作,感受沙子的乐趣。	1. 利用课余时间,到沙滩上去自由创作。说一说体验。 2. 在沙画台上进行创作。 3. 这两种创作过程给你什么感觉? 4. 艺术实践。 5. 评析作品,谈感受。	沙画台 沙子 课件 音乐	2课时
	3. 想象中的沙画	1. 让学生发挥自己的创意与想象、丰富学生的情感和审美特质。 2. 能用沙子来表达心中的想法。	1. 观看沙画创作视频。谈谈感受,学到了什么? 2. 小组探讨挥沙、抹沙、画沙等手法。 3. 尝试创作感受沙画的乐趣。 4. 欣赏评述。	沙画台 沙子 课件 音乐	2课时
	4. 玩沙儿童	1. 利用身边的学习资源开展艺术创作,建立亲身自然的积极体验和丰富经验。 2. 激发学生展开想象,发挥自己的创造性。	1. 谈谈沙画给你带来的感受。 2. 观看PPT,小组合作讨论如何表现人物的动态。 3. 说说自己的创意。 4. 学生根据自己所学的表现方法进行创作。 5. 欣赏评述。	沙画台 沙子 课件 音乐	2课时

单元主题\活动安排	内容	目标	活动设计	资源准备	课时
画沙	1. 水母世界	1. 在美术活动中加深对海洋生物的认识，感受海洋生物的美。 2. 探讨如何表现水母的不同特征。	1. 播放视频，探索新知。观察水母的基本特征。 2. 小组讨论拳头的用法。 3. 练习擦、点、划的手法。 4. 教师示范。 5. 艺术实践。 6. 欣赏评述。	沙画台 沙子 课件 音乐	2课时
	2. 多姿多彩的鱼儿	1. 观察鱼儿的特征，感受鱼儿的美。 2. 探索鱼儿的创作手法，引导孩子们大胆尝试、创新。	1. 播放图片，欣赏鱼儿的美。 2. 了解鱼儿的结构及其特征。 3. 探索鱼儿的表现手法。 4. 复习高处挥沙、低处撒沙。 5. 艺术实践。	沙画台 沙子 课件 音乐	2课时
	3. 和大海交朋友	1. 通过观察、欣赏大海的，并用语言表达出来。 2. 探索如何表现人物、大海的场景。	1. 欣赏生活场景。 2. 分享自己是怎样与大海交朋友的。 3. 探索如何表现人物？（学习漏沙、勾沙的手法） 4. 艺术实践。	沙画台 沙子 课件 音乐	2课时
创沙	1. 小蝌蚪找妈妈	1. 通过讲故事，让孩子们充分发挥想象，感受母爱的伟大。 2. 讨论如何表现"小蝌蚪找妈妈"的场景。	1. 听完后你想说什么？你想表现怎样的场景呢？ 2. 小组合作讨论创作的手法。 3. 学生创作不同的场景。 4. 师生评价。	沙画台 沙子 课件 音乐	2课时
	2. 沙滩上的童声	1. 体验实践性学习活动的乐趣，丰富自己的情感和审美特质。 2. 引导孩子们大胆表现沙滩上的童声。	1. 播放孩子们在沙滩上玩耍时各种有趣的声音。 （1）听完后发挥想象说说他们在干什么？心情是怎样的？ （2）欣赏不同的图片，谈感受。 2. 小组讨论如何表现沙滩上的童声场面。（各组长汇报想法） 3. 小组研究创作的手法。 4. 艺术实践。	沙画台 沙子 课件 音乐	2课时

单元主题＼活动安排	内容	目标	活动设计	资源准备	课时
	3.三亚的美景	1.通过看一看,说一说,引导学生感受三亚的美。培养学生热爱家乡、热爱大自然的美好情感。 2.学会动态沙画的表现方法,提高学生的综合表现水平。	1.体验之旅。 2.在旅行的过程中,找一找哪里最美?你收获到了什么? 3.运用技法,启发创作。 (1)什么是动态沙画? (2)在动态沙画中画面与画面之间是如何变换的?你还发现了什么? 4.展开想象,创作表现。 5.艺术实践。	沙画台沙子课件音乐	2课时

四、课程实施

本课程主要让学生体验和创作,利用沙画台、沙子、多媒体课件等,共 10 课时。具体实施方法如下:

1. 激发兴趣,快乐创作。在教学中,以兴趣为抓手,通过“我参与、我快乐”的主题,融入音乐性、趣味性、知识性、创造性为一体的游戏,激发他们的创作意识,让学生在教与学中树立创作的目标和信心,让他们在玩中就能轻松接受所学知识点,同时引导学生进行沙画创作。

2. 启发想象,大胆创作。在课堂中,教师通过现场作画的直观演示,让孩子们积极参与其中,探索不同的创作手法,引导孩子们掌握绘画技法,同时让学生对事物有充分的联想空间,发挥孩子们的想象力,激发他们创作热情和表现欲望,让他们从不同的角度进行大胆创作。

3. 链接生活,以美育人。平日里,多让孩子们观察自然和生活的美,拉近生活和沙画创作的关系。美好的生活是学生创作的源泉。只有体验过生活的乐趣,欣赏过自然美丽,才懂得热爱生活,热爱大自然,孩子才能以沙为画笔,描绘这个五彩缤纷的世界。

五、课程评价

评价的目的在于推动每个学生在原有的基础上有所收获、有所进步;关注学生在活动过程中创作水平的提高、情感的体验、价值观的养成;对信心不足的学生,更要提供成功的机会,尽最大努力满足学生多方面的需求。

本课程评价主要从学习态度和沙画创作两个方面进行评价,其中沙画创作从作品鉴赏、创作手法、作品效果这三个方面进行创作,鼓励学生将所思、所想、所见、所感等画面表现出来。评价注重过程评价、体现多元、关注差异、强调自评。重视学生自我评估、自我调整、自我改进,不断进步。(见表5-15)

表5-15　课程活动过程评价表

评价指标		评价内容	评价方式		
			自评	互评	师评
学习态度	倾听习惯	精神饱满,神情专注,认真倾听			
	参与态度	有强烈的求知欲和好奇心,对活动有较高的热情,思维活跃、大胆自信、善于思考、提出问题、解决问题,善于想象、创作、表达			
	团队合作	积极讨论,关心和帮助他人,相互尊重,高品质地完成小组分配的任务			
沙画创作	作品鉴赏	围绕主题创作,有一定的故事内容。想象力丰富,有浓郁生活气息,构图饱满			
	创作手法	能用多种手法进行创作			
	作品效果	构思新颖独特,画面自然洒脱,赏心悦目,立体感强			

(撰稿人:黎克科)

【课程纲要 5-8】

小海豚之声

一、课程背景

童声合唱艺术是集音乐、文学、演唱为一体的综合艺术形式,更是中小学课堂教学的内容之一。合唱训练对儿童道德的培养、情操的熏陶都有很大的作用,也是我校育人目标的方向所在。在海南三亚四季如春的气候下,孩子们天真烂漫,向往美妙的歌声。但由于家校重视度不够,孩子的艺术素养较低,视野较窄,他们对歌唱的认识是较缺乏专业性的。因此,依托学校"小水滴"育人目标,开设"小海豚之声"社团,创建具有和谐、纯净的"小海豚之声"合唱社团,为每一个爱唱歌、有表演潜质的孩子提供一个快乐歌唱的环境,充分利用学校合唱教室资源,为学生合唱提供良好条件。"小海豚之声"合唱社团以科学发声训练、声势律动游戏及作品排练,学生能系统地学习专业合唱,在学习过程中培养他们自信、团结、互助的良好品质,培养一批具有海洋情怀的海蓝才艺少年。

本课程的理念是:科学发声,唱响和谐之音。通过该课程的学习,提高学生的演唱技巧及音乐素养,学会与他人合作,增强集体意识,形成积极健康的生活态度和生活方式。

二、课程目标

1. 观看与聆听专家杨鸿年的合唱相关视频,了解有关童声合唱的基本知识。

2. 在趣味练声曲、气息、声势律动的训练中,掌握基本的合唱技巧,做到音色统一、声部和谐和气息控制。

3. 能与同伴合作完整演唱"大海之歌"系列童声合唱曲目,对歌曲进行艺术表现,增强对大海的向往与热爱之情。

三、课程内容

本课程适用于三至五年级学生,课程以科学的气息运用、柔和质美的发声训练及唱响和谐之声作品,包含三个主题。(见表 5-16)

表 5-16 课程内容安排表

单元主题 / 活动安排	内容	目标	活动设计	资源准备及要求
与"合"初识	1. 欣赏合唱作品。 2. 学习歌唱姿势。 3. 掌握呼吸方法。	1. 通过欣赏优秀合唱团表演,了解什么是童声合唱及童声合唱的特点。 2. 模仿正确的唱歌姿势,寻找唱歌时的声音状态。 3. 知道歌唱的呼吸方法,发声原理,进行有意识的吸气和有控制的吐气训练。	一、听一听 1. 欣赏杨鸿年版的童声合唱《让我们荡起双桨》《夜莺》。 2. 了解童声合唱的特点。 二、做一做 1. 模仿正确的歌唱姿势。(站姿和坐姿) 2. 寻找唱歌时的声音状态。(精神饱满、含笑而扬眉、打开咽腔,理顺呼吸) 三、学一学 1. 吸气是保持身体的放松,垂肩、抬头。 2. 口鼻同时吸气。 3. 发 S 和 ʃ 练习,一吸一呼找到声音的使力点位置。 四、唱一唱 1. 趣味练习,正确运用呼吸发声练习。 2. 抽唱已学歌曲,检查气息控制与运用。 3. 学生找出问题进行对比唱。 4. 教师引导并小结。	钢琴及多媒体设备课件
柔美质声训练	1. 单音练习 2. 学唱歌曲《大海摇篮》	1. 通过单音训练,统一音色,保持气息均匀,声音达到平稳效果。	一、练一练 1. 统一音色的练声曲 (1) 1＝F 2/4 5 5 ｜5 - ｜<u>54</u> <u>32</u> ｜1 - ‖	钢琴及多媒体设备课件

单元主题 活动安排	内容	目标	活动设计	资源准备及要求
		2. 通过演唱歌曲《大海摇篮》，合理运用平稳的声音演唱。	(2) 1 = F 2/4 12 34 ｜ 54 32 ｜ 1 − ‖ yo ya　 yo ya yo mi ma　 mi ma ya 二、读一读 1. 按节奏读歌词。 2. 根据钢琴伴奏带着气息读。 三、唱一唱 1. 随琴视唱曲谱。 2. 练唱歌词，师引导声音与纠正。 四、听一听 1. 听优秀版本《大海摇篮》。 2. 生谈谈不同。	
	1. 跳音训练 2. 《大海就是我的家》	1. 通过跳音练习，训练声音的灵敏，达到声音的集中效果。 2. 通过演唱《大海就是我的家》，跳音的练习巩固掌握。	一、练一练 (1) 1 = D 3/4 53 33 3 ｜ 53 33 3 ｜ 啊衣牙力索 (2) 1 = d 2/4 13 35 ｜ 53 31 ｜ 1 − ‖ Yi~la 二、听一听 1. 播放歌曲《大海就是我的家》。 2. 学生听出歌曲情绪与演唱音色。 三、读一读 1. 用正确的感情朗读歌词。教师引导朗读气息与节奏。 2. 跟钢伴朗读。 四、唱一唱 1. 视唱简谱。 2. 随钢伴视唱。 3. 唱词。	钢琴及多媒体设备课件

单元主题 活动安排	内容	目标	活动设计	资源准备及要求
唱响和谐之声	1. 和声性训练 2. 合唱曲《我爱你大海》	通过和声练习,达到声音平稳、音量均匀,有乐句的流动感效果。	一、练一练 1. 复习所学练习曲。 2. 二声部练习曲。 二、读一读 1. 朗读歌词。 2. 听伴奏按节有感情地朗读。 三、唱一唱 1. 视唱第一声部简谱并填词。 2. 视唱第二声部并填唱唱。 3. 互听声部的旋律合唱。 四、录一录 欣赏自己的作品,自由说出见解。	钢琴及多媒体设备课件
	排练曲目一:《大海啊,故乡》	1. 通过分声部练唱、把握音准与熟记各声部旋律。 2. 各声部完整合唱,达到声音和谐统一。	一、练一练 1. 单声练习。 2. 合声练习。 二、唱一唱 1. 由声部长带领各声部视唱《大海啊,故乡》简谱。 2. 声部长带领朗诵歌词。 3. 随琴唱词,声部长指出问题,教师加强纠正。 4. 合唱。	钢琴及多媒体设备课件 合唱谱
	排练曲目二:《大海·夕阳》	1. 通过分声部练唱,把握音准与熟记各声部旋律。 2. 各声部完整合唱,达到声音和谐统一。	一、练一练 1. 单声部练习。 2. 和声练习。 二、唱一唱 1. 由声部长带领各声部视唱《大海·夕阳》简谱。 2. 声部长带领朗诵歌词。 3. 随琴唱词,声部长指出问题,教师加强纠正。 4. 合唱。	钢琴及多媒体设备课件 合唱谱

单元主题 活动安排	内容	目标	活动设计	资源准备及要求
	编排队形与动作	通过队形及动作的编排,加深学生对歌曲的记忆,丰富学生对作品的表现力。	一、站一站 1.《大海啊,故乡》。 圆弧形坐下(台阶上)站着造型(台阶下)。 2.《大海·夕阳》(梯形站着)。 二、做一做 1. 简单大方的动作即可。 2. 声部长带领学生练习。 三、演一演 1. 声部加动作演唱。 2. 完整加入动作表情演唱。	钢琴及多媒体设备合唱谱

四、课程实施

本课程需要钢琴、打击乐器、合唱谱、多媒体设备等工具。具体实施方法如下:

1. 以气带声训练。教师在课堂上运用"闻花香"找到吸气的感觉,再通过 S 和 ∫ 的训练,找到歌唱中的使力点,发出有质感的声音。

2. 以单音、跳音、和声性练习曲的趣味训练,使学生能运用和谐统一的声音,完美演绎所选歌曲。

3. 以观摩作品了解合唱声音概念。教师在课堂中播放优秀少儿合唱作品与自己演唱的作品进行对比,提升学生对音乐的鉴赏水平,能更好地运用在合唱作品的演绎中。

4. 以合唱作品排练为主。教师利用钢琴引导学生识谱,学生能学会倾听、把握音准并将各声部的旋律配合好。

5. 为作品设计动作。在合唱作品熟悉后,设计简单动作使合唱作品更丰富,增强学生的肢体表现力,使作品更富有美感。

五、课程评价

课程评价从促进学生发展入手,重视学生兴趣和能力的培养,充分发挥学生的创造性和个性特长,使学生积极主动、心情愉快地进行学习。本课程对学生的评价从学生的参与热情、学习方法、演唱能力、学习效果、合作能力等方面制定了星级评定标准。考评按照自评、互评、师评相结合的原则进行,最后形成综合评定等级。(见表 5－17)

表 5－17　合唱课程学习过程评价表

评价内容	评价指标			评价方式		
	一阶	二阶	三阶	自评	互评	师评
参与态度	坐姿站姿规范,精神饱满	积极主动精神饱满	投入参加训练精神饱满			
学习方法	了解童声合唱,掌握歌唱中的发声方法及气息运用	准确掌握各类练声曲的训练方法	掌握歌唱的呼吸方法并运用到合唱作品中			
演唱能力	能按节奏,音准唱好练声曲	熟唱各自声部并能与其他声部合唱	能有表情,有动作,能自信地完整表现作品			
合作能力	能学会倾听队员的声音并相互配合唱准旋律	能与同声部合作演唱,保持声音统一	能与其他声部配合协作能力,完成集体合唱作品			
学习效果	正确的气息与声音位置熟唱歌曲《大海摇篮》	正确的气息与声音位置有表情地熟唱《大海就是我的家》《我爱你大海》	完整表演合唱《大海啊,故乡》和《大海·夕阳》			
学生姓名:		综合评定等级:				

(撰稿人:陈静茹)

第五节　运动,活力的姿态

体育类社团旨在提升学生的运动技巧,引导积极参与体育学习和锻炼身体,打造如海般的刚健体魄,在锻炼中体验运动的乐趣,主要包括海精灵足球社团、心随羽动社团、飞扬乒乓社团、跆拳道社团、篮球社团、帆船社团等。

例如,海精灵足球社团,它带给学生的不仅是身体素质的提高,还有团队合作意识和顽强拼搏的精神,通过足球知识和技能的传授,让学生走进足球文化领域,感受其丰富文化;让学生走向绿茵场,掌握运动技能,体验运动激情;组织学生开展足球比赛,锻炼学生的体魄,锤炼学生的意志,让他们更自律、更自强,让他们的人生更有力量。

【课程纲要5-9】

海精灵足球

一、课程背景

足球运动的开展对于小学生的心理及生理的健康水平都有促进作用,不仅能增强学生的竞争意识,锻炼意志品质,而且能从小培养学生的合作精神。此外,学生在足球运动中踢、运、射、断球等身体动作,可以提升他们的身体协调性,增强其速度、力量、耐力、柔韧性等运动机能,增强学生体质。"海精灵"足球课程的开发和实施是为了让学生健康学会足球技能,在学习技能中追求快乐,在快乐活动中成长。社团在教学中采取趣味性教学法,既是提高体育教学有效性的内在要求,同时也是促进学生体育能力发展的重要途径,可以最大限度地尊重学生在体育学习中的选择,使学生能够在不同的体育运动中切实感受到竞技体育的魅力。

二、课程目标

1. 通过丰富的教学形式,系统地掌握足球的理论知识和运动技能。

2. 通过比赛形式的游戏教学,在愉快的游戏氛围中激发对足球兴趣,体验了足球运动的快乐。

3. 在足球玩乐中增强体质,培养竞争意识,锻炼意志品质,提升合作精神。

三、课程内容

本课程适用于三至五年级学生,参与本课程学习,学生掌握较为系统的足球基本技术和技能,提高身体素质。(见表5-18)

表5-18 课程内容框架表

单元主题 / 活动安排	内容	目标	活动设计	资源准备
球性练习1	颠球、点踩球练习	通过此练习让学生掌握颠球、点踩球的技术。	1. 用习惯脚练习,颠一次接一次。 2. 双脚正脚背交换练习。 3. 教师示范,学生观察。 4. 原地点踩球练习,教师矫正姿势动作。 5. 分小组移动点踩球练习,师生评价。 6. 总结。	足球 标志筒 标志盘 训练背心
球性练习2	脚内侧来回推、拉、扣球练习	通过此练习让学生掌握推、拉、扣球的技术动作。	1. 原地脚内侧来回推球练习。 2. 单脚左右推球扣球练习。 3. 脚底拉球练习。 4. 推拉扣三个动作结合球练习。	足球 标志筒 标志盘 训练背心
脚背运球	脚背运球技术	通过此技术练习让学生掌握脚背正面运球的动作技术及特点。	1. "抓鱼"游戏。说明游戏规则,分小组游戏。 2. 四人一小组进行脚背正面运球练习。教师指导。	足球 标志筒 标志盘 训练背心

单元主题 活动安排	内容	目标	活动设计	资源准备
			3. 规定区域分组练习。分成两队并站在相对的线上,听口令开始运球。 4. "快速接力比赛"。说明游戏规则,分小组比赛,游戏结束后说说自己的感受。 5. 活动小结。	
脚内侧传接球	脚内侧传接球	通过学习,让学生了解脚内侧传球的完整动作方法以及用途。	1. 讲解脚内侧传接球动作要领。 2. 两人一组练习。 3. "穿裆"游戏练习。 4. 脚内侧传接球练习。 5. 活动小结。	足球 标志筒 标志盘 训练背心
脚背内侧踢球	脚背内侧踢球	通过学习,让学生了解脚内侧踢球的完整动作方法以及用途。	1. 教师示范,并讲解脚背内侧踢球动作要领。 2. 按照教师进行无球练习,注意动作,教师及时指导。 3. 两人一组踢固定球。 4. 两人一组面对面用左右脚练习。	足球 标志筒 标志盘 训练背心
脚背内侧踢球	复习脚内侧传接球	通过学习,让学生复习巩固脚背内侧踢球的完整动作方法以及用途。	1. 原地脚内侧传接球练习:一人踩球,另一人跑动触球。 2. 两人一球脚内侧接球。 3. 学习脚内侧传接地滚球:两人一组相互传球,注意力量的控制。	足球 标志筒 标志盘 训练背心
各种运球练习	结合游戏复习各种运球	通过游戏练习,让学生巩固熟练各种运球。	1. 脚背外侧运球练习:"穿裆游戏""狼抓兔子的游戏"。 2. 脚内侧运球练习:"抢运货物"游戏。 3. 学习变向运球练习,学生绕过"8"字标志物练习。 4. 谈谈活动感想。	足球 标志筒 标志盘 训练背心
脚掌停球	脚掌停球技术	通过学习,让学生了解脚掌停球完整动作方法以及用途。	1. 教师示范讲解脚掌接球的动作要领。 2. "穿裆拉力"游戏。 3. 两人一组练习。 4. 五人一组三角传接球练习。	足球 标志筒 标志盘 训练背心

单元主题\活动安排	内容	目标	活动设计	资源准备
射门练习	各种射门练习	通过学习，让学生了解各种射门练习动作方法及应用。	1. 复习脚背正面、脚内侧踢球动作。 2. 射门练习：从起点出发，按指路线绕过标志物射门（脚背正面、脚内侧分别练习）。 3. 有防守队员的射门练习。	足球 标志筒 标志盘 训练背心
体能训练	体能训练	通过练习，让学生掌握足球体能的耐力。	1. 行进间点踩球接力比赛。 2. 综合体能练习：15米冲刺跑—跳跃栏架—运球绕过标志物射门。	足球 标志筒 标志盘 训练背心
个人战术	突破过人技术	通过学习，让学生了解突破过人技术方法及应途。	1. 教师示范讲解个人突破过人的技术动作。 2. 1VS1进攻练习：两人一组，一方进攻一方防守，利用变速、变向摆脱对手。 3. 五人一组进行进攻防守练习，可变化为：防守方将球传给进攻方后，快速向前压上防守。	足球 标志筒 标志盘 训练背心
规则学习	足球规则	通过足球规则让学生了解决足球场上的规则及礼仪。	1. 讲解足球竞赛规则。 2. 足球场上的礼仪。 3. 进行比赛巩固相应知识。	足球 标志筒 标志盘 训练背心 战术板

四、课程实施

本课程要让学生在轻松、愉悦的体育游戏中掌握足球基本的技能，共 14 课时，具体实施方法如下：

1. 兴趣激励。利用足球明星花式运球的视频，激发学生学习足球的热情；营造良好的课堂氛围，让学生感知足球与脚之间的联系；利用课件对学生的观点进行有效补充;观看足球运动的发展历程视频,了解动作要领细分,让学生在欣赏中对此运动有清晰而客观的认识,为其进一步实战教学奠定基础。

2. 示范引领。将学生们分成不同的小组来探索脚部内侧的踢腿方法,在试踢之后,教师再一边做动作一边示范讲解,如推送的踢法,当脚触球时,脚应继续向前踢,这样,踢脚就会长时间接触球,球就可以轻松流畅地传递出去。又如敲击踢腿,故意表演错误动作,与学生充分互动,活跃课堂气氛。通过这些方法,可以有效地提高学生的学习积极性,使他们在轻松愉快的学习氛围中掌握足球运动要领,巩固足球技能。同时,也可以请掌握比较好的学生进行动作示范,展示优秀学生的动作亮点,激励全体学生积极参与足球训练,形成赶学带超的良好学习氛围。

3. 游戏教学。游戏是孩子们的兴趣点,在游戏教学活动中,让学生在不同的游戏情境体验学习的趣味,由此促进探知的积极心理。频繁的颠球训练无疑让人产生枯燥感,如设计将学生分成两组进行颠球比赛,设计竞赛游戏规则——3分钟内谁颠得多,让学生在规定的时间之内用接力的形式开启颠球训练之旅。通过这种游戏式的比赛,增强了学生的足球技能和足球兴趣,真正体验了足球运动的快乐。

五、课程评价

根据课程的学习内容,本课程从"学习态度""运动素养""团队意识"这三个方面进行评价。(见表5-19)

表5-19 "海精灵足球"课程评价表

评价内容	评价指标			评价方式		
	一阶	二阶	三阶	自评	互评	师评
学习态度	能够听从指挥,能参与练习	听从指挥,多数时间能够认真听老师讲解技术动作,积极练习	能够认真听老师讲解技术动作,积极练习并向老师请教			

评价内容	评价指标			评价方式		
	一阶	二阶	三阶	自评	互评	师评
运动素养	对本项目有兴趣，能简单介绍所学项目的发展史及所学的动作术语	了解本项目的发展史及所学的技术动作术语，初步掌握基本技术动作并可以展示	熟知本学科的发展史及所学的技术动作，正确掌握基本技术动作并可以应用自如			
团队意识	可以与同伴们一起练习	基本上能够与同学愉快合作，积极主动地参与活动	积极主动参与活动，与他人愉快合作并能帮助其他同学			

（撰稿人：林师能）

【课程纲要 5-10】

心随羽动

一、课程背景

羽毛球运动是灵活、快速、多变的隔网对击性项目,没有直接的肢体接触和对抗,是非常适合小学阶段的运动项目。小学生活泼好动、模仿能力较强,羽毛球是比较符合小学阶段学生身体锻炼及心理特征的活动。学校有非常好的室内羽毛球馆、羽毛球专业教师及校外教练,有利于开展羽毛球运动。为了把这项运动开展得更丰富和具有针对性,发挥羽毛球在促进学生健康成长方面的效果,根据学生活泼好动、模仿能力强和年龄特点,我们设计了较为系统的社团课教学,更好地培养学生对羽毛球运动的兴趣和爱好,丰富学生的校园生活,锻炼身体,增强体质,拥有良好意志品质和积极向上的精神风貌。

二、课程目标

1. 通过多种活动形式激发学生对羽毛球运动的兴趣,感受羽毛球运动的快乐。

2. 初步掌握羽毛球基本技术、技能,了解羽毛球运动相关知识。

3. 提高灵活性、协调性,力量、耐力等身体素质,培养顽强、拼搏、沉着、果断、胸怀博大的大海般的良好意志品质和积极向上的精神风貌。

三、课程内容

本课程以三至六年级学生为实施对象,学生参与本课程学习,掌握较为系统的羽毛球基本技术和技能,提高身体素质。(见表5-20)

表5-20 "心随羽动"课程内容安排

单元主题 活动安排	内容	目标	活动设计
握拍、熟悉球性	1. 正手握拍法。 2. 反手握拍法。	掌握正、反手握拍的基本方法,正、反手颠球熟悉球性。	1. 教师讲解示范正、反手握拍的方法。 2. 正、反手握拍练习。 3. 正、反手颠球练习,熟悉球性。
挥拍	挥拍动作练习。	掌握正确的挥拍动作。	1. 教师讲解示范挥拍的动作方法。 2. 学生进行自主练习。 3. 教师巡视指导。
基本步法	基本步法(垫步、并步、跨步、跳步、交叉步)练习。	学习羽毛球基本步法动作,使学生掌握快速而准确的步法。	1. 教师讲解示范徒手步法动作方法。 2. 学生进行自主练习。 3. 教师巡视指导。
击球技术	正手和高远球、平高球、网前吊球、杀球练习。	学习击球动作方法,掌握正手和头顶的高远球、平高球、网前吊球、杀球的击打方法,提高羽毛球的运动水平。	1. 教师讲解示范击打球的动作方法。 2. 学生进行自主练习。 3. 教师巡视指导。

单元主题 / 活动安排	内容	目标	活动设计
综合（全场）步法；正手拉高远球	综合（全场）步法练习；正手拉高远球练习。	学习羽毛球运动中的组合步法，使学生把正确、灵活移动运用于各种击打球动作中，提高羽毛球运动水平。	1. 教师讲解示范综合步法和正手拉高远球的动作方法。 2. 学生进行自主练习。 3. 教师巡视指导。
素质练习；发球、发球规则	素质练习；讲解发球规则与发球方法练习。	通过素质练习，发展学生身体的力量素质；通过讲解发球规则与发球方法练习，激发学生参与练习的兴趣感。	1. 教师讲解示范素质练习的动作方法。 2. 教师讲解示范发球及发球规则。 3. 学生进行自主练习。 4. 教师巡视指导。
专项素质	转髋、反应移动、柔韧练习。	通过专项身体素质训练，提高学生的反应、柔韧素质。	教师带领学生做专项素质练习。
网前球	正、反手放直线球、勾对角、挑后场、推后场等。	通过正、反手放直线、勾对角、挑后场、推后场球等练习，提高学生的羽毛球运动技术水平。	1. 教师讲解示范正反放直线球、勾对角、挑后场、推后场的动作方法。 2. 教师讲解示范发球及发球规则。 3. 学生进行自主练习。 4. 教师巡视指导。
耐力素质	中长跑练习。	通过中长跑练习，提高学生身体耐力素质水平。	教师引领学生进行中长跑练习。
单打的基本站位和基本打法	介绍单打的基本站位、基本打法。	使学生充分认识和掌握单打的基本站位、基本打法，增强学生对羽毛球运动的兴趣感。	1. 教师介绍单打的基本站位、基本打法。 2. 学生认真听讲。
力量素质	上肢、手腕、下肢力量。	通过上肢、手腕、下肢力量，提高学生身体力量素质水平。	教师引领学生进行上肢、手腕、下肢力量练习。

单元主题 / 活动安排	内容	目标	活动设计
双打的基本站位、进攻防守的站位和基本打法	介绍双打的基本站位、进攻防守的站位和基本打法。	使学生充分认识和掌握双打的基本站位、进攻防守的站位和基本打法,增强学生对羽毛球运动的兴趣感。	1. 教师介绍双打的基本站位、进攻防守的站位和基本打法。 2. 学生认真听讲,仔细观察模仿。
比赛实践活动	分组打比赛。	通过比赛增强心理素质和比赛竞争意识。	1. 教学比赛。 2. 教师巡视指导学生。 3. 学生轮流比赛。

四、课程实施

本课程需要羽毛拍羽毛球若干,在师生良好的互动中完成学习。课程需要13课时,具体实施方法如下:

1. 营造良好的活动环境和学习氛围,以培养兴趣为主,开发、创设一些与羽毛球有关的游戏内容。在教学过程中多采用游戏性的教学方法,多采用表扬、激励手段来进行诱导,避免用简单的重复性练习。激发学生的学习兴趣,使其在教学活动中获得成功的喜悦感,对羽毛球运动持续保持兴趣。

2. 循序渐进,从简到难地进行羽毛球技术动作的教学。采用生动形象的教学,使学生掌握技术动作。小学阶段的学生有较强的模仿能力和活跃的想象能力,讲解动作要领时语言要生动,动作示范要形象,通过形象的模仿,提高了教学的有效性,使学生较快地掌握技术、动作方法。根据学生的心理特点,以直观教学为主,通过正确规范的示范动作,让学生建立完整的动作表象并在练习中掌握较为规范的动作、技术要领。

3. 示范教学，提高训练效率。在羽毛球教学中，因为其技术动作的相对复杂性和教学方法的特殊性，要经常采用结合多球来进行练习，以及一对一的"喂球"练习，就特别需要一批得力的小骨干来协助教师做好示范与指导的工作。因此，可选拔个别综合素质较好学生参与到社团课教学活动中，让他们成为课堂教学的"小老师"，协助老师做示范动作、发球，为同学纠正动作，让老师有更为充足的时间对课堂教学进行调节。

4. 以赛代练，展示自我。在体育教学及课外体育活动的基础上，学校开展校级羽毛球比赛，每次羽毛球比赛都吸引大批学生参与竞赛，同时也为学生提供展示羽毛球技术水平的舞台，在这个舞台上让学生体验成功与喜悦，养成对羽毛球运动项目的热爱。

五、课程评价

根据课程的学习内容，本课程从"参与态度""运动素养""合作意识"这三个方面进行评价。（见表5-21）

表5-21 "心随羽动"课程过程性评价表

评价指标	评价内容	评价方式		
		优秀	良好	合格
参与态度	积极主动参与学习和练习，能刻苦，拼搏			
运动素养	学会基本技术动作，具有良好的身体素质，技术动作全面；应变、适应能力强			
合作意识	合作学习意识强，能主动指导、帮助同伴			

（撰稿人：李明清）

第六节　劳动，甜美的果实

劳动类社团旨在引导学生学会使用不同的工具，设计活动过程，体验劳动的乐趣，培养学生的动手能力，提高综合素质。主要包括吸管小画家社团、皇帝的新装社团、烘焙社团、插花社团、自然劳动社团等。

例如，吸管小画家社团，它带给学生不仅是动手能力的增强，还充分发挥他们的丰富想象，极大地拓展他们的审美视野。通过用废旧物品来大胆创新制作，既培养了学生创新意识，还能体验到变废为宝的乐趣，逐步引导学生践行低碳生活，创造更加美好和谐的生活环境。

【课程纲要 5－11】

吸管小画家

一、课程背景

吸管是我们生活中常见和常用的东西，小朋友们对吸管都很熟悉。但是，各种各样的吸管除了方便我们饮用液体，还有许多意想不到的用处，比如说用来作画。通过对吸管材料本身特质的认识和孩子们的巧手可以将生活中常见的用品赋予童真童趣创作出五彩斑斓的吸管画作品。小朋友从自己制作吸管画中不但得到乐趣，学会与别人合作，培养孩子的动手能力，而且更有助于充分发挥他们丰富的想象，拓展他们的审美视野，增强他们的艺术创造力，还能够陶冶他们的性情，是对学生进行审美教育的一种有效手段，也是对一次性用品环保利用的价值体现。

二、课程目标

1. 初步了解吸管画的颜色搭配,学会用不同颜色的吸管完成图案的拼贴。

2. 通过观察、欣赏生活中的不同场景,自己创作或与他人合作完成一幅主题鲜明的吸管画作品。

3. 在创作过程中发挥自己的个性,学会与别人合作,体验成功的乐趣,享受愉快的童年生活,拥有热爱生活的情感。

三、课程内容

本课程以一至三年级学生为实施对象,安排"学会欣赏""启迪智慧""懂得合作""放飞自我"四个板块,让学生从欣赏到创作,放飞想象,学会合作并用作品表达自己的情感。(见表5-22)

表5-22 "吸管小画家"课程内容安排表

单元主题 活动安排	内容	目标	活动设计	资源准备
学会欣赏	认识吸管画	1. 初步了解吸管画和制作过程,激发学生活动兴趣。 2. 做好学习吸管画的材料准备,以及如何使用白乳胶。	1. 多媒体出示图片。 2. 学生观察,并能简单说出看到的画面。 3. 说说画面拼图材料的运用。 4. 教师重点指导白乳胶的使用。 5. 学生尝试动手制作,教师指导。	卡纸 吸管 彩色笔 儿童剪刀 白乳胶
启迪智慧	吸管画色彩搭配	1. 敢于用多彩的吸管完成作品。 2. 提高色彩搭配的水平。	1. 引导学生观察深浅颜色的吸管画搭配。 2. 说说不同色彩搭配出的作品给自己的感受。 3. 颜色搭配做出来的吸管画颜色明艳,图案立体,让人有赏心悦目的感觉。	卡纸 吸管 彩色笔 儿童剪刀 白乳胶

单元主题\活动安排	内容	目标	活动设计	资源准备
	认识并制作五星红旗	1. 认识五星红旗中的色彩元素。 2. 尝试用材料制作"五星红旗"吸管画,表达对国旗的热爱。	1. 出示五星红旗,引导学生认识五星红旗中的色彩。 2. 教师指导学生用材料制作作品。随机点拨。 3. 鼓励学生说说自己的作品,表达对国旗的热爱。	五星红旗 卡纸 吸管 彩色笔 儿童剪刀 白乳胶
	大自然的礼物	1. 掌握制作小花的技巧。 2. 用以往学习的技巧制作作品。 3. 用作品表达对大自然的热爱。	1. 出示范例作品《大自然的礼物》,请孩子们观察。 2. 说说作品中都有什么,用什么颜色创作。 3. 观察老师制作小花过程。 4. 学生尝试制作小花及搭配上小草的作品,教师指导。 5. 展示作品,说说作品表达的情感。	范例作品 卡纸 吸管 彩色笔 儿童剪刀 白乳胶
	海底世界探险记	1. 能认真观察,勇于尝试制作。 2. 掌握制作小鱼的技巧。	1. 出示海底生物图片。 2. 观察图片,认识海洋生物。 3. 仔细观察小鱼的形态,画一画。 4. 教师指导用吸管制作小鱼,学生尝试制作。 5. 作品制作,师生互评。	海底生物图 卡纸 吸管 彩色笔 儿童剪刀 白乳胶
懂得合作	吸管小人	1. 能灵活运用吸管制作作品。 2. 学会认真倾听。 3. 能根据自己的理解和老师的讲解制作作品。	1. 教师出示范作,引导学生观察作品中色彩的搭配,运用的技巧。 2. 教师示范,学生认真观察倾听。 3. 小组合作尝试制作。 4. 作品展示,把小组制作的过程和想法和同学们分享。	卡纸 吸管 彩色笔 儿童剪刀 白乳胶
	天安门城楼	1. 小组合作,完成作品。 2. 勇于在制作中发表自己的看法。	1. 出示天安门城楼图片。 2. 小组合作观察并说出有几种颜色。	天安门城楼图片 卡纸

单元 主题 　　活动 　　安排	内容	目标	活动设计	资源准备
		3. 懂得在完成作品时需要别人的帮助,以及互助、合作的重要性。	3. 说说自己想如何用吸管表现天安门城楼。 4. 鼓励学生利用不同颜色的吸管,拼贴出有层次的天安门城楼。 5. 作品展示。小组介绍自己的作品。	吸管 彩色笔 儿童剪刀 白乳胶
	小伙伴手拉手	灵活运用吸管及其他材料表现作品。	1. 出示图片。 2. 观察并说出男孩和女孩在穿着上的不同点。 3. 鼓励学生用吸管制作两个小伙伴,丰富画面的色彩。	小伙伴手拉手图片 卡纸 吸管 儿童剪刀 白乳胶
	爱心贺卡	1. 能用多彩的吸管完成作品。 2. 作品画面色彩丰富。	1. 讨论:贺卡的作用。 什么时候可以给自己身边的人送上贺卡。 2. 出示范作,说说一张贺卡是什么样的? 应该有什么? 3. 小组合作,用多彩的吸管完成作品。 4. 根据送出的对象写上贺语。 5. 作品展示,自己评价,师生互评。	贺卡图片 卡纸 吸管 彩色笔 儿童剪刀 白乳胶
放飞自我	制作小房子	1. 小组合作,完成作品。 2. 大胆创作,灵活运用吸管及其他材料表现作品。	1. 出示图片,认真观察,说说图片中的画面。 2. 小组谈论:说说自己想如何表现。 3. 小组代表说创作想法。 4. 鼓励学生大胆创作,用鲜明的色彩吸管,结合之前学过的内容,完成有太阳、白云、草地、大树和小房子构成的一幅吸管画。 5. 教师指导。 6. 展示作品。	卡纸 吸管 彩色笔 儿童剪刀 白乳胶

单元主题\活动安排	内容	目标	活动设计	资源准备
	制作松树	1. 用长度不同的吸管拼贴出一棵精美的松树。 2. 体验合作与手工制作能获得成功的喜悦。	1. 引导学生说说在我国文化中表达长寿的事物。 2. 出示松树的图片,比如迎客松,说说自己如何用吸管来表现自己心中的松树。 3. 学生尝试制作,教师指导,教师示范,学生制作。 4. 小组合作,用长度不同的吸管拼贴出一棵精美的松树。 5. 作品展示,评价。	卡纸 吸管 彩色笔 儿童剪刀 白乳胶

四、课程实施

本课程教学采用自编教案、图片资料、多媒体课件、吸管、白乳胶等工具,以小组为单位开展活动。具体实施方法如下:

1. 观察增趣。出示图片让孩子们观察、模仿,分享自己的想法,增强课程趣味性。

2. 教师示范。引导孩子先听老师讲解构图,自己构思再创作,培养孩子的耐心和细心,知道制作吸管画前要心中有数。

3. 合作交流。提倡在制作过程中大胆提出自己的建议,可以在与小伙伴的交流和合作中,碰撞出自己新奇创意,培养积极的动手能力和团结协作意识。

4. 互相评价。作品完成后学会查找不足,用善意的眼光去看待自己的作品和评价别人的作品,体验制作过程的快乐。

五、课程评价

根据学生的合作探究,创作过程的方法,本课程从"倾听""思考""合作与探究

能力""实践和创新"这四个方面进行评价。(见表5-23)

表5-23 "吸管小画家"课程过程评价表

评价指标	评 价 内 容	评价方式		
		自评	互评	师评
学会倾听	能够认真倾听教师的指导,能有意识倾听他人的发言,愿意表达自己的想法			
合作探究	能够与他人友好合作,勇于探索吸管画创作的奥秘			
创新意识	在既定的主题下有自己的理解,色彩搭配大胆,构图有创意			
作品效果	构图合理,色彩搭配和谐,有浓浓的生活学习气息			
作品介绍	能完整地介绍自己的作品,表达清晰、完整、流畅			

(撰稿人:潘立珍 农茜雅)

【课程纲要5-12】

皇帝的新装

一、课程背景

服装设计是当今社会上潮流改变最快的设计行业之一,它以其新奇、创新、独特等特点在社会中有极大的存在价值和意义。随着科学与文明的进步,人类的艺术设计手段也在不断发展,服装已经不仅仅只是局限于御寒蔽体,更多的是追求时尚与美,服装的设计美也成为展示个人魅力的表现。学校浓厚的文化氛围为本课程的开发提供了基础,学生能够在课程的研发当中充分发挥自己理论和实践相结合的能力,通过老师与学生的合作与交流,在课程中理解服装的制作过程的魅力所在和服装美学的艺术造诣,从而达到本课程的教学理念。

二、课程目标

1. 通过实践操作,能够独立完成一些基本的服装基础动手能力,大胆展开想象,设计自己喜欢的不同类型的衣服。

2. 通过小组的合作探究,制作出不同风格,不同美观的服装,通过对自己设计的服装的展示,激发学生本身对服装设计学的兴趣以及对服装设计的探究,培养学生热爱艺术,热爱生活的情操。

三、课程内容

本课程以三至五年级学生为实施对象,学生在对服装理解的基础上由浅入深,循序渐进,从一根线到一块面料,从一块面料到一件服装,了解到服装设计中的魅力所在,经历设计——裁剪——成衣的过程,每一名学生动手能力得以培养,让学生成为善于发现美,创造美的小水滴。(见表5-24)

表5-24 "皇帝的新装"课程内容安排表

课题	主要内容	目标	活动设计
从古至今话服装	服装构成要素	1. 了解服装从古至今的历史发展变化。 2. 能够自主查找资料,整理资料,了解服装的构成。	1. 播放视频《服装起源》感知服装变化。 2. 小组讨论服装发展的变化。 3. 依据变化认识服装构成三要素。
我们都是动手小达人	不同针法的操作	1. 了解不同针法的形状及名称。 2. 学会针法的使用,了解不同针法的作用,以及出现在服装中的部位。	1. 观看视频中的不同针法。 2. 老师示范不同针法的手法。 3. 学生动手操作不同针法。
皇帝新装的材料	面料的使用	1. 了解不同面料的特点能准确判断面料的材质。 2. 学会用实验法判断面料。	1. 实验操作不同面料与火产生的不同效果。 2. 小组用实验法判断面料。 3. 用记录单记录不同面料的特点。

课题	主要内容	目标	活动设计
设计小达人　show time	款式的构成和特点	1. 了解款式的构成及不同款式的特点。 2. 学会绘画不同款式,不同廓形的服装。	1. 播放视频《服装款式的构成》。 2. 教师讲解体型和款式的关系。 3. 设计服装款式图。
一块布料的艺术	学会扎染	1. 了解服装色彩的构成,发现服装色彩的魅力。 2. 学会扎染,能够发挥想象力独立完成作品。	1. 讲解服装色彩构成。 2. 演示扎染的制作过程。 3. 独立完成扎染工艺。
我们都是绘画小能手	服装套装图形设计	1. 了解服装设计图的绘画方法。 2. 发挥想象力独立完成服装设计图的构成。 3. 学会小组探讨,设计一套服装款式。	1. 观看时装走秀。 2. 独立完成服装设计图。 3. 小组合作完成系列套装设计图。
小小裁缝就是我	立体裁剪	1. 了解服装裁剪的定义。 2. 学会立体裁剪的方法。 3. 学会小组利用裁剪手艺制作衣服。	1. 观看立体裁剪的由来与发展。 2. 掌握裁剪的方法。 3. 小组合作完成立体裁剪作品。
温度艺术知多少	熨烫技巧	1. 了解熨烫的文化,学会熨烫自己制作的衣服。 2. 衣服熨烫的标志及含义。	1. 播放视频,了解熨烫文化。 2. 教师示范熨烫技巧,掌握熨烫法。 3. 熨烫自己的作品。
我们都是服装设计小达人	平面立体服装设计	1. 了解粘贴、缝制的过程,学会将材料与画图结合。 2. 描述自己作品的创意。	1. 掌握材料与画图的技巧。 2. 完成平面立体图的制作。 3. 展示平面立体服装设计作品。

四、课程实施

本课程实施侧重于引导学生欣赏美,创造美。需要 12 课时,具体实施方法如下:

1. 分析与鉴赏。通过课件、视频资料的展示,激发自己对服装设计的兴趣,学生能够自主接受服装设计学的文化。通过对服装史的了解让学生了解服装史的发展,通过一根线,一块面料,服装设计图,色彩等服装要素讲解中,学生会对服装美学的认知得到发展,增进对服装设计的认知,激起好奇心。

2. 点拨教学。在课堂上通过不同形式,指导学生们手缝工艺、扎染、立体服装设计等手艺,让学生能自己参与进来,学会基本的制作过程,达到更深层次的服装制作的目的,在了解了这些基本制作服装的步骤后,让儿童们尝试制作简单的服装作品。

3. 自主学习。学会制作后,学生发挥自己的想象力,精雕细琢一步步地完成成品服装的制作,让学生参与到服装制作的全部过程环节中,真正融入课程,学会热爱艺术,热爱生活。

4. 合作学习。学生进行小组合作,共同来完成一件服装的制作,让学生在合作中增强动手能力、审美能力。

五、课程评价

本课程的评价方式分为随堂式评价、参与性评价、展示性评价三种,以老师的评分为主,自评、学生互评为辅,形成性评价与总结性评价相结合,引导学生用正确的形式认识服装的美,陶冶学生发现美的眼光,正确地感受服装带来的美的享受和视觉的愉悦感,具体的评价标准如下:

1. 随堂性评价。每节课针对每一个不同的服装设计主题有明确性的评价,结合学生在课堂上的表现以及完成性用鼓励性的语言,引导学生感受服装设计带来的美感,以及在课堂中积极认真学习带来的收获和乐趣。

2. 参与性评价。每节课针对学生参与性的积极程度作出评价,对每一名学生上课参与度作出积极的评价语。特别是在小组合作学习中,通过鼓励性的评价,有利于学生互相之间进行鼓励学习与督促,对待参与度不高或技巧不成熟的学生,尊重他们的水平,因材施教,鼓励他们积极参与进来,从而深入开发学生的艺术潜力和欣赏美的层次。

3. 展示性评价。在每一次课程结束时举办一次服装设计展览会,把学生精心制作的不同类型的服装作品通过实物展台,张贴作品展览等方式,展示给其他同学或家长们观看,让课堂中的每名成员的作品都能得到展示,通过展示作品这一环节,增强学生的自由创作的信心和对课程的兴趣。(见表 5-25)

表 5-25 "皇帝的新装"课程评价表

评价内容	评价指标			评价方式		
	一阶	二阶	三阶	自评	互评	师评
随堂性评价	能认真聆听老师的讲解	能及时提出问题并制定解决方法	能在每节课中积极制作出作品			
参与性评价	能参与到小组合作中来,具备一定的基本操作技能	小组合作意识强,能主动与组员交流提出意见	具有小组分工明确的能力与合作精神,能在小组中起主导作用			
展示性评价	能有计划地制作完成一整个系列作品	能完成作品,并具有展示性	能积极参与展示性活动,展示中大方得体			

(撰稿人:周姝彤)

第六章

研学之旅，大自然的迷人乐章

　　日月星辰，山川河海，春夏秋冬，晨昏雨雪，我们眼中的大自然，简单却又博大，熟悉而又奇妙，一切都在恒久与变幻中不断发展着。当一群生机勃勃的孩童在一方海蓝校园里遇见奇幻的大自然，便奏响了海蓝教育的迷人乐章。这里，山中有烂漫，海里有乾坤，晨有琅琅书声，昏有谆谆教诲。天地做课堂，万物皆老师。相约蓝海之旅，共谱大自然迷人乐章！

教育部等 11 部门《关于推进中小学生研学旅行的意见》(教基一〔2016〕8 号)
指出：中小学生研学旅行是由教育部门和学校有计划地组织安排，通过集体旅行、
集中食宿方式开展的研究性学习和旅行体验相结合的校外教育活动，是学校教育
和校外教育衔接的创新形式，是教育教学的重要内容，是综合实践育人的有效途
径。① 我校的"蓝海之旅"研学，创造一个在自然中行走的课堂，胜日寻芳，听涛踏浪，
探秘雨林，博文观史。坚持教育"始于课堂，走出课堂，融入社会"的思路，寻找课程
与社会生活的切入点，把儿童的社会生活体验同课程学习结合起来，将学习与生活
紧密联系起来，广泛整合区域资源，儿童的学习从小课堂延伸至大社会，从小课本拓
展至大自然。走进社会长智慧，亲近自然展灵性。在行走、体验、实践的过程中，享
受生命成长与自然和谐共生的愉悦。在未知旅途，领略生命的奇妙，在身心的旅途
发现自我、认识世界。所看即所学，所做即所学，"蓝海之旅"为儿童积蓄成长力量。

一、"蓝海之旅"的课程设计

　　海南，一个美丽富饶、兼容并蓄的海岛。美丽三亚，浪漫天涯是美丽自然与我
们的对话，古林幽茂、调声悠悠的东坡书院是历史的遗踪在诉说往昔；昔日鲜为人
知的博鳌田园小镇吸引世界目光……在这里，人文、风俗、美食、美景等自然、社会

---

① 教育部等 11 部门. 关于推进中小学生研学旅行的意见. (2016 – 11 – 30)〔2016 – 12 – 19〕. http://
　www. gov. cn/xinwen/2016-12/19/content_5149947. htm.

资源,都蕴藏着巨大的课程资源。(见图6-1)

图6-1 "蓝海之旅"研学课程资源分布图

依托丰富而独特的海岛资源,与学科融合,链接学生的兴趣和问题,以问题引领探究性学习,开发了"蓝海之旅"系列研学课程。从"为什么"开始,让目之所及,手之可触的世界成为儿童的课堂,成为儿童的研究场,成为学习真正发生的地方。根据儿童的年龄特点,设计不同目标的研学项目及场景,如低年级的走一走、玩一玩,用脚步丈量大地。三亚湾戏沙踏浪,玫瑰谷寻芳赏春,感受人与自然的和谐共生。中年级的说一说、做一做,用智慧开启旅程。登上鹿回头峰顶,俯瞰城市变迁;走进水稻公园,亲历稻子的一生;深入槟榔谷,感受黎苗文化,实现从实践到真知的跨越。高年级的访一访、问一问,用经历丰润人生。走进珊瑚礁,探秘深蓝;追溯疍家足迹,感受人海相依的古朴;寻访崖州古城,体悟人文历史的厚重。儿童的体验与发现在进阶发展,学习能力和思维方式在螺旋式上升。

二、"蓝海之旅"课程实施策略

"蓝海之旅"课程实施以全员研学和项目研学两种方式实施。全员研学每学期一次,上半年为"我和春天有个约会",下半年为"寻找秋姑娘的足迹"。项目研学主要是以小课题研究为基本形式的"少年海岛行",学生在老师的帮助、指导下,从自己感兴趣的问题入手,制订关于"海洋科技""渔家文化""海岛风光""海洋艺术""海洋体育""美丽乡村"等研究课题。(见图6-2)

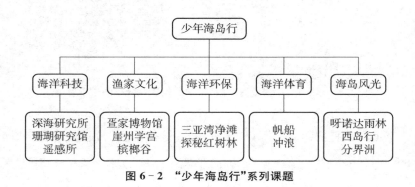

图6-2 "少年海岛行"系列课题

通过实地考察,合作调查、采访、访问、信息搜集与处理、表达与交流、展示与评价,以及实践成果的推广等探索活动,鼓励学生积极走进社会,探究身边事物。引导儿童学会关注身边的事,探究事物的价值,使儿童在合作的过程中培养实践能力、团队合作精神和人际交往能力,逐步成长为视野开阔、胸怀宽广、博学笃行的蓝海少年。

1. 坚守儿童立场,落实研学育人。遵循学校"让每个生命澄澈明亮"的核心教育价值追求,坚守儿童立场,以学生为学习的原点,更以学生为学习的终点。强调身心参与，注重手脑并用，关注学生需求，关注学生的个性发展，关注学生的全面成长。充分发挥研学旅行的育人功能，以研树德，以研增智，以研强体，以研育美。

2. 挖掘区域资源，整合学科知识。生活是最好的教科书，眼前发生的一切就是最好的学习。"蓝海之旅"课程基于学生的实际生活，根据学生的探究需求挖掘区域海洋、生态、人文等课程资源，创造真实的学习情境，与语文、数学、英语、绘画、信息技术等学科进行整合，引导学生用所学的知识解决实际问题，带着教材去旅行，做到知行合一。

3. 强化实践体验，实施多元评价。"蓝海之旅"课程以体验实践、参观考察、合作探究为主要学习方式，基于真实问题开展项目学习，注重学生真实的情感体验，经历就是学习，经历就是成长。努力构建个人、同伴、家长、教师多元评价体系，利用"五方互联班级应用"进行线上线下相结合的评价模式，打破时间与空间的限制，做到人人都是参与者，人人都是评价者。

三、"蓝海之旅"的课程评价

蓝海之旅课程评价注重"研——学——评"一致性，从"行前、行中、行后"三个维度进行，形成一体化的评价体系，关注学生的核心素养和必备品格，多元主体协同评价，努力实现教育评价的科学化、制度化、规范化。（见表6－1）

表6－1 "蓝海之旅"的课程评价表

评价阶段	评价指标	评价方式		
		自评	互评	师评
行前攻略	前期学习			
	物品准备			

评价阶段	评价指标	评价方式		
		自评	互评	师评
	组员分工			
	注意事项			
行中研学	积极沟通			
	全程参与			
	合作能力			
	大胆质疑			
	勇于挑战			
	价值体现			
行后展示	交流表达			
	作品展示			
	目标达成			

第一节　游玫瑰谷,寻花香物语

亚龙湾国际玫瑰谷位于三亚亚龙湾国家旅游度假区内。它以农田、水库、山林的原生态为主体,以五彩缤纷的玫瑰花为载体,是一个集玫瑰的种植、展示、文化、产品为一体的休闲旅游地,是三亚的后花园,同时也是热带玫瑰花繁育基地、花卉科研示范基地。这里有郁金香、向日葵,这里有马蹄莲、勿忘我……在这鸟语花香、芬芳氤氲的地方,我们以"盛日寻芳,拥抱自然"为主题开展研学活动。探究生态自然，寻访花香物语；认识花卉的生长与利用，探寻"花"与"人"的美好。让儿童通过视觉、触觉、嗅觉充分了解常见花卉种类；跟随研学导师学习花卉种植知识、花卉产品开发价值；动手动脑，用鲜花创作大自然美丽画卷；理解"小康不小康、关键看老乡"的丰富内涵；观看田间劳作，正确认识劳动、理解劳动、崇尚劳动。

一、课程背景

大自然是一本无字的书。做儿童教育，不能只要求儿童会读自己身边有字的书，更要学会认识大自然的文字，读懂大自然这本书。儿童从小就应亲近大自然，拥抱大自然，应当到户外树林里或者田野上走走，看看。用脚步丈量大地，用眼欣赏美景，敞开怀抱拥抱美好。假如有什么不明白的地方，再到书里去寻找，去请教有学问的人，在行走中增长知识和灵性。三亚亚龙湾国际玫瑰谷的自然生态条件优越，场地宽阔，硬件配套完善，在这里开展游学活动，是非常务实又浪漫的。

二、课程目标

本课程目标的设定立足于儿童的学习和生活实践，将学习目标生活化、游戏化，寓教于乐，润物无声。

1. 通过视觉、触觉、嗅觉了解常见花卉种类，学习花卉种植知识、花卉产品开发价值。

2. 在研学活动中认识到守时守纪、团结合作的重要性。

3. 观看田间劳作，正确认识劳动、理解劳动、崇尚劳动。

三、课程内容

本课程适用一、二年级。一、二年级同学们将以"了解花卉的种类及生长与利用"为研学旅行具体课程。让儿童通过视觉、触觉、嗅觉充分了解常见花卉种类，跟随研学导师学习花卉种植知识、花卉产品开发价值等。从而丰富植物知识，了解花卉在人们日常生活中的作用。以此课程设计为载体达成课程目标。

四、课程实施

关于本课程的实施我们从全局考虑，充分尊重儿童需求，统筹规划好所涉及的每门课程，实现课程功能的协调化和整体化，并设计相对灵活的操作方式。

（一）课程设计与开发

"盛日寻芳，拥抱自然"课程，通过一本研学手册实现跨学科、跨领域引领贯穿，以研学的形式集合了德治、美术、科学、语文等学科知识的统整，打破了传统的课程格局，让教育回归自然，让学习自然发生。

研学手册设计分为：准备篇、挑战篇、分享篇和总结篇四个大部分。让儿童从最初的时间表确认，集合地点、车号、带队老师及小组成员的确认，到物品清单的准备，安全贴士的自我提醒；从认真倾听导师的讲解到草花基地的探秘；从合作统计喜欢吃鲜花饼的人数到合作创意百米画；从分享自己的见闻到盘点自己的表现。整个活动流程切合儿童的特点，尊重儿童的天性，把学习过程融于各种有趣的活动中，真正实现寓教于无形。

（二）教学实施

在教学实施环节,我们紧扣课程目标,以关注儿童的身心发展及兴趣为出发点,以发掘儿童的生命潜能为归宿点,精选儿童终身学习必备的基础知识和基本技能,以有趣的活动为载体,全方位的浸润式学习,以实现学习效率的最大化。

1. 进行多学科、多能力统整融合。作为研学课程,学习内容、场所、方式,注定了它是一个开放的,多学科融合的课程。它不是单一知识的纳取,而是全方位知识扑面而来。但是否扑面而来的知识我们都要不加辨别地纳取呢? 当然不是。我们根据儿童的年龄身心发展特点及兴趣点,选择合适他们的点,在某点上突破。例如在研学准备篇的安全知识的渗透、自理能力的渗透,在挑战篇里对探索精神的引导,对团队合作精神的培养等。

2. 有趣的活动贯穿始终。要想全方位地激发儿童的学习热情,保证在户外开放的空间中学习活动有序不乱,根据儿童的年龄特点设计有趣的活动是非常必要的。根据玫瑰谷的景点特点,我们设计了动静结合的活动。有静静地听,细细地看,也有激情四射的拓展活动。总之,整个教学过程是灵动活泼,有趣而高效的。

3. 红色教育彰显主题特色。生在新中国,长在红旗下,红色教育更要彰显培养红色接班人的主题,出去参观的也是我们共产党领导下建设新农村的胜利成果。我们培养的本就是党的事业的建设者和接班人,红色教育必不可少。走出去让儿童看看祖国的美丽山川和蒸蒸日上的美好生活,更能激发学生爱党、爱国、爱自然的情感,玫瑰谷从一个脏乱差的落后农村,到人人奔小康的美丽新农村,儿童能更真切地感受到,在中国共产党的坚强领导下,祖国发展的日新月异。

4. 学习从师生模式直接转化为生生模式。对于研学学习的内容,带队的老师也是有很多不了解的。毕竟术有专攻。所以基本上带队老师和儿童处在同一学情层次,大家都是同学了,都听景区导师的。花卉种类、花卉种植知识、花卉产品开发的价值,不少儿童还想当"老师的老师",倾听的效率提高了,小组合作学习的效率提高了,学习真正地发生了!

五、课程评价

"盛日寻芳,拥抱自然"课程评价以过程为主,结果为辅。以激励为主,批评为辅。主要从守时守纪,团结合作,表现自我和独立坚持四个维度来对儿童的学习进行一个评价。在课程过程中,老师会根据儿童的各方面表现发放学校特色贴纸徽章,让评价看得见,激发儿童学习动力。活动结束后,老师会回收研学手册,通过活动总结课对其进行总结性评价。(评价见表 6-2)

表 6-2 "盛日寻芳,拥抱自然"研学课程评价表

评价内容	评价标准	评价方式			
		自评	互评	师评	总评
守纪章	遵守时间				
	遵规守序				
合作章	积极合作				
	榜样示范				
	乐于助人				
表现章	积极参与				
	大胆表现				
	敢于挑战				
坚持章	吃苦耐劳				
	独立自主				
	坚持到底				

评价内容	评价标准	评价方式			
		自评	互评	师评	总评
说明：根据评价量化标准，达到标准即得到一颗☆。满星即得该奖章。获得一奖章奖励 5 海里。					

同时，在这个评价基础上，为了更加激励儿童的自我发展。我们也将线下评价与我校的小水滴争章线上评价有机地结合起来，将个性化评价渗透到本课程的评价体系之中。根据儿童表现和奖章获得情况进行二次评价，在线上加上相应的海里，让他们朝船长的目标更近一步。

（撰稿人：李定）

第二节　登鹿回头，瞰鹿城风采

鹿回头风景区，是三亚市的文化标志和历史记忆，坐落在三亚市西南端鹿回头半岛内。鹿回头风景区三面环海，一面毗邻三亚市区，是登高望海、观看日出日落，俯瞰三亚市全景的佳处。鹿回头有一个美丽的传说，根据这个传说而建造的海南全岛最高雕塑"鹿回头"已成为三亚的城雕，三亚因此得名"鹿城"。这里花鸟虫鸣，黎族文化氛围浓郁，人与自然和谐共处。利用鹿回头风景区的资源，带领儿童深入探讨与研究鹿城文化，开启一段富有教育意义的蓝海之旅。

一、课程背景

　　世界之大，自然之美，文化之精深，历史之厚重，人情之丰富，社会乃人生之大课堂。阅读可以开阔人的视野，实践可以塑造自我，两者的结合才能更好地丰富我们的人生。因此着力创造机会让儿童走出校园，融入社会，亲近自然，领悟人文，感受生命是我校课程开发的目的。"蓝海少年行，逐梦鹿回头"是春季研学活动课程的一部分，是专门针对三、四年级的儿童量身打造的研学课程。目标是让儿童在活动中领悟自身所存在的意义和所承担的责任，唤醒自主、自立、自强的意识；在集体活动中学会互相合作，培养责任感，珍惜身边的师生情、同学情。其最终目标是培养有爱心、乐学习、爱生活、善探究、勤健体、懂审美的蓝海灵性少年。

　　我们以"蓝海少年行，逐梦鹿回头"为主题，以"了解鹿城文化，展示少年风采"为活动目的，在辅导员和研学导师的带领下，进行一次户外爬山活动，体验爬山的乐趣，科普动植物知识；听导游讲述鹿回头传说，了解"鹿城"文化的来源，感受浓郁的黎族文化；俯瞰城市的全景，感受自己生活城市的美丽。

二、课程目标

　　本次研学课程目标的确定，以"研学开眼界，研学增情感，研学促成长"为课程目标设计的维度，根据鹿回头风景区旅游资源的特点，结合本次课程具体安排的活动项目以及三、四年级儿童身心发展的特点和能力培养等方面的因素，我们确定了三个具体的目标，分别为知识目标，能力目标，情感及核心素养目标。

1. 在研学活动中,了解鹿回头的动、植物,初步了解鹿城文化、黎族文化。

2. 培养独立自主和团结协作的能力,提高合作意识,增加集体荣誉感。

3. 在与大自然的接触中,感受人与自然的和谐共处,增强环保意识,热爱家乡、热爱大自然。

三、课程内容

研学旅行如果没有做整体的方案设计,很容易沦为一种校外活动的拼合,会是碎片化、随意性的活动,缺少研和学的意味。如果从课程整体的视角把研学旅行活动课程化、系统化,将"研学旅行"作为一个生活化的主题活动课程,根据儿童的年龄特点和认知差异,选择相适应的课程内容,并与学科知识整合,与学校德育活动整合,真正把"研学旅行"变成"行走的课堂",那么儿童的收获就大了。

本课程适用三、四年级。我们设计了六大板块课程内容,让儿童在丰富多彩的活动中了解动植物,探索鹿城文化,亲近大自然,感受师生情。(见表6-3)

表6-3 "蓝海少年行,逐梦鹿回头"研学课程内容设计

板块主题	内容	目标	活动设计	资料准备或作业完成
植物大百科	介绍鹿回头的地理位置、历史由来及传说。	了解鹿城文化,激发热爱家乡的思想感情。	徒步爬山。景区讲解员讲解鹿回头的传说,初步了解鹿城文化。	查找有关鹿回头传说的资料。
	观察沿途植物,做好观察记录表。	在与大自然的接触中感受人与自然的和谐,提高环保意识,同时也增强儿童热爱家乡、热爱大自然的美好感情。	观察沿途植物,用图文并茂的方式记录它们的名称、生长地点,以及对它们的了解。	完成研学手册上的植物观察记录表。

板块 主题	内容	目标	活动设计	资料准备或 作业完成
	在鹿回头山顶俯瞰整个三亚市区，利用学过的方位知识，圈画出自己熟悉的一个建筑物或地点。	了解鹿城文化，丰富中华传统文化底蕴。	站在鹿回头山顶，俯瞰整个三亚市，了解城市变迁，寻找熟悉的建筑物或者地点，了解它们在三亚的地理位置。	利用学过的方位知识圈画出熟悉的建筑物或地点
雨林 小勇士	收集落叶，完成拼画。	培养儿童的动手操作、创新思考和团结协作的能力，增强儿童的合作意识和团结精神。	收集落叶，分小组完成拼画作品。	拍照分享拼画作品
	参观孔雀园，了解孔雀的栖息环境和生活习性。	在与孔雀的接触中感受人与自然的和谐，增强保护动物意识。	听景区导游讲解相关知识；进行知识问答。	奖励景区纪念礼品
趣味 逐鹿亭	参观坡鹿园，体验坡鹿喂食的乐趣。	在与坡鹿的接触中感受人与自然的和谐，增强保护动物意识。	听景区导游讲解相关知识；进行知识问答。	奖励景区纪念礼品

四、课程实施

这是年级全员参加的研学课程。我们努力兼顾全员统一和个体差异，做好充分的准备工作，时刻关注儿童的实践体验，过程性评价与终结性评价相结合，以多元评价促进儿童更好地参与到研学活动中，以达到预期的目标。

1. 准备阶段。考虑到三、四年级学生在科学课堂上已涉猎动植物相关知识，对其有着浓厚的探索兴趣,根据这一特点,我们提前制作了精美的研学手册。儿童根据研学手册上的问题去查找资料,初步了解一些动植物的相关知识,唤醒儿童对本次研学的期待。考虑到儿童的个体差异性,我们在研学手册上做好了奖章制评价,如坚持章的设计,其目的就是激励儿童克服种种困难,坚持完成研学活动。

2. 研学阶段。儿童按小组有序排队,观察沿途的植物,收集各种落叶。进入孔雀园和坡鹿园参观时,也是按班级有序进行,其过程中还增加了知识问答的环节,让儿童在活动中时刻感受到研学的乐趣及探索的奥妙。在"鹿回头"雕像前聆听美丽的传说,在山顶俯瞰三亚全景,活动始终按班级有序进行,活动中的有奖竞猜和研学老师激励性评价也让儿童感受到勇于表现和敢于挑战带来的成就感。整个研学过程,活动丰富多彩,却有序而不乱。儿童在游玩、交流过程中也记录下自己的所见所闻,所思所获。

3. 分享阶段。根据评价及时才更有效这一特点,研学回来后,趁着儿童活动热情还在,研学老师鼓励儿童当天分享自己的研学感受和收获。班级以主题班会的形式组织开展了研学成果分享会,会上孩子们展示自己的研学手册,分享研学中的奇闻趣事和活动所感所得,为研学活动画上了圆满的句号。

五、课程评价

本活动课程采取多样的评价方法,重视过程与结果的评价,包括儿童的自我管理、小组合作探究、独立思考、收集信息、分析问题及解决问题等方面的能力。在整个研学活动过程中,老师会根据儿童的各方面表现发放学校的特色贴纸奖章;活动结束后,教师会收回儿童的研学手册,结合研学手册完成的情况进行总结性评价,并给予相应的海里奖励。

(一)奖章制评价

利用奖章评价鼓励孩子在活动过程中积极参与,大胆表现自我,与他人团结合作。(见表 6-4)

表 6-4 盘点我的研学表现表

评价内容	评价标准	评价方式		
		自评(★★★)	互评(★★★)	师评(★★★)
守纪章	遵守时间,遵守活动规则,有秩序有组织地进行活动			
合作章	积极参与讨论,互相鼓励,团结合作,在小组中起示范作用,吸收接纳并能给出建议,帮助其他小组成员,贡献大			
表现章	积极参与活动,参与讨论和交流热情高,勇于表现自我,敢于挑战困难			
能力章	会收集信息,能分析、解决问题			

(二)展示性评价

利用课堂时间进行活动成果的展示及分享,老师会根据儿童奖章获得的情况,研学手册的完成质量和分享效果进行二次评价,即利用我校的智慧服务平台添加海里,让儿童真正在活动中学有所得,玩有所获。(见表 6-5)

表 6-5　"蓝海少年行,逐梦鹿回头"研学课程评价表

评价内容	评 价 指 标			评 价 方 式		
	一阶	二阶	三阶	家长评	同学评	老师评
研学手册	基本上能完成研学手册上的记录表	能按研学手册上的要求顺利完成手册上的记录表	能够利用图文结合的形式清晰而准确地完成手册上的记录表			
分享效果	能清楚地分享自己的体会和收获;能倾听他人的分享	愿意与家长、老师、同学分享自己的体会和收获;能认真倾听他人的分享,并从中找到可以汲取的部分	积极主动地与家长、老师、同学互相分享体会和收获;想法独特、有见地;认真倾听他人的分享,借助询问、交流、谈话等技巧给予他人肯定,并吸取好的经验			

（撰稿人：黄雪）

第三节　探呀诺达,揭雨林奥秘

生命源于自然,大自然至真至性的一面对孩子情绪的控制和品行的塑造有着良好指引。现如今,随着社会日新月异的发展,孩子们大多都淹没在了城市的车水马龙之中,很难听到大自然的声音。让孩童走进大自然,是聆听大自然、感受自然最好的方式。

呀诺达热带雨林景区是中国唯一地处北纬18度的真正热带雨林,是海南岛五大热带雨林精品的浓缩,是最具观赏价值的热带雨林资源博览馆。景区融汇了

"热带雨林文化、黎峒文化、南药文化、生肖文化",丰富的课程资源令孩子们在接触自然、领略自然风光的同时,开阔自身视野,增长自然知识。基于此,我们设计了"与春天握手,携快乐同行"的研学课程,走进呀诺达热带雨林的目的是让孩子们走出学校,走进大自然,在原始生活中,留下一个记忆深刻的踏青之旅。能够通过第二课堂去感受大自然的神奇,感受春天的美景,让孩子们在了解热带雨林知识、亲密接触大自然、欣赏春天美景、拓展视野的同时,也能利用热带雨林用景区的自然栈道、水瀑石路,激发自身征服自然、接受挑战的勇气、增强体质、锻炼自理能力,增强沟通与协作能力和意志力。

一、课程背景

实践体验是孩子们最具价值的"教科书"。为了让小学阶段的儿童拥有更多的亲近自然考察、社会体验的成长资源,获得多角度、多形式、全过程的学习体验。在本次活动中,我们将研学旅行课程和在地资源深度结合,依托学校研学基地"海南呀诺达雨林文化旅游区",开展"与春天握手,携快乐同行"为主题的研学课程。让孩子们走出学校,走进雨林,在原始热带雨林中,感受大自然的神奇,了解热带雨林知识。对于孩子们来说,雨林里处处都是新奇,用眼睛会看到许多新鲜的东西,用小手会触摸到许多奇特的事物,这极大地拓展了学生的视野,增强自身体质,给孩子一个记忆深刻的踏青之旅。

活动前期,孩子们通过多种形式了解呀诺达热带雨林,活动过程中,孩子们以小组合作的形式探寻雨林文化,活动结束后,总结、评价、提升。完整、系统的活动计划让孩子们在走出教室、走向生活的同时,真正了解大自然馈赠的知识。让他们拥有更多的成长资源,获得更生动的课堂和更具价值的生长。

二、课程目标

通过学习具备了基本的知识和技能,有相对独立自主的探究能力,对未知的世界和大自然充满着好奇,也想要在广阔的舞台上展示自己的所学所能,本课程结合学生特点,鼓励孩子们走进自然大课堂,了解丰富多彩的雨林植物,运用所学知识激发探索自然的兴趣。

我们把课程目标确定为:

1. 通过研学活动,亲密接触大自然,了解热带雨林知识,拓宽自身视野。

2. 通过研学活动,在观察、研讨过程中,提升学习、沟通与协作水平,增强自身体质,锻炼自理能力。

3. 通过研学活动,体会融入自然的静谧之感,更加热爱自然,增强保护自然、保护环境的意识。

三、课程内容

大自然是世界上最灵动的课堂。春天里,我们携手春光走进呀诺达热带雨林,在快乐的行走中,去了解雨林中丰富多彩的植物,揭开热带雨林的奥秘;在勇敢的探索中,去激发学生自我探索未知的能力,保持一颗勇敢好奇的心灵。本课程适用于五、六年级,具体课程内容安排如下。

(一)植物大百科

活动一:孩子们跟随呀诺达热带雨林的讲解员认识雨林中的六大奇观,初步了解呀诺达热带雨林这个巨大的植物宝库里有哪些乔木、花卉、热带瓜果等。以奇特雨林的宝藏激发学生对大自然的兴趣，在了解的基础上加深对家乡的热爱之情。

活动二：自由组成小组进行分工合作，自主通过园中植物介绍牌、询问讲解员或教师、查阅资料等形式去进一步了解自己感兴趣的植物，以不同的形式将收集的植物资料归纳、分类，比如最大的草本植物旅人蕉、世界上最毒的树见血封喉、最贵的植物海南黄花梨、最奇特的过江龙等等。旨在调动孩子们所学把观察了解的雨林知识深化、内化，提升学习水平，从而也增强保护自然、保护环境的意识。

活动三：展示交流，现场植物百科大讲堂，小组派代表或一起展示观察、归纳的成果。孩子们用有趣、新颖的方式，把雨林植物知识以小先生的形式在大自然的课堂上即知即传，即学即展，在灵动的课堂上做学习真正的主人。

（二）雨林小勇士

活动一：聆听专业的户外教练讲授野外求生技能，并进行简单的野外生存小游戏互动，例如：野外取水、方向辨别、野外生火、跨越障碍等。激发孩子们探索大自然的兴趣，懂得有意识地进行锻炼、增强生存能力。

活动二：体验呀诺达踏瀑戏水的户外游戏。分小组跟随教练进行呀诺达瀑布探险，在惊险的跋山涉水中展现团队互帮互助的精神，在大自然的探索中收获勇敢攀登的乐趣，强健体魄、磨炼意志。

活动三：分享收获。身临其境的呀诺达热带雨林探险充满着惊喜、困难、乐趣、刺激、快乐，孩子们在回望这条探索之路后及时分享收获，把难忘的瞬间写一写、说一说，真是一吐为快。通过与自然的亲密接触，会更加深刻地意识到自我与环境的关系，也能更加热爱自然，增强保护自然、保护环境的意识。

四、课程实施

本课程是年级全员参与的研学课程。我们把孩子们从学校课堂领入到大自然课堂,从方寸之地到广阔天地,活动前期,通过多种形式了解呀诺达热带雨林,活动过程中,以小组合作的形式探寻雨林文化,活动结束后,总结、评价、提升。完整、系统的活动计划让孩子们在走出教室、走向生活的同时,真正了解大自然馈赠的知识,在更生动的自然课堂中自由生长。

1. 研学准备。户外活动,安全第一。在活动之前,教师要充分地做好安全教育,涉及户外游戏安全的方方面面要强调到具体细节;提前分好小组,选拔出组长,明确组长和组员们的具体任务,在每一个地点清点人数记好车牌号等;备好户外运动的用品,做好户外活动的心理准备。

2. 研学活动。本次研学活动分为两个主题,每个主题下各有三个小活动,以主题深入学习为研学活动的主线,在展开活动的同时要注意学生每个阶段的收获,由浅入深、由个人到小组、由学习到展示、由理论到实践的过程中,教师需要把控不同层次学生的活动状态,及时做好指导和评价。尤其在"雨林勇士"探险中更需要随时随刻关注每一个学生的身体状况和安全问题。引导孩子们根据自身实际情况,选择适合的挑战。通过榜样力量和及时的激励评价,鼓励孩子们一路高歌,坚持到底。

3. 分享收获。在行走中学习,在行走中收获。本次研学活动中有两次分享交流活动,一个是"植物百科大讲台"在大自然中交流所学植物知识的收获,一个是"雨林勇士来分享"在踏瀑戏水后分享探索攀登的收获。知识与心灵双重收获、学生与大自然亲密接触、个人与小组团结协作,鼓励学生多方面、多方位、多形式分享或记录自己的收获,为童年生活增光添彩。

五、课程评价

"与春天握手,携快乐同行"课程评价重过程、重激励,有效地结合了过程性评价与总结性评价。主要评价学生的自我管理、沟通表达、小组合作探究等能力素养。在课程过程中,老师会根据学生们各方面表现发放学校特色贴纸徽章,让评价看得见,激发学生学习动力。(见表6-6)

表6-6 "与春天握手,携快乐同行"研学课程评价表

评价阶段	评价指标	评价方式		
		自评	互评	师评
研学准备	物品准备齐全			
	组员分工合理			
	安全事项掌握			
研学表现	认真倾听讲解			
	全程参与活动			
	能够团结合作			
	做到互帮互助			
	积极接受挑战			
	不怕困难、坚持不懈			
分享交流	主动交流分享			
	分享内容丰富			
	文字记录深刻			

说明:根据评价量化标准,达到标准即得到一颗☆。满星即得该奖章。获得一奖章奖励5海里。

活动结束后,相关老师则会回收学生的研学卡片,对其进行总结性评价。同时,为了激励学生的自我发展,让学习落到实处。我们也将线下评价与线上评价有机结合,将个性化评价渗透到本课程的评价体系之中。根据学生表现和奖章获得情况进行二次评价,即利用我校的智慧服务平台添加海里,让孩子们朝着水手、水手长、三副、二副、大副、船长几个方向等级进阶,体会收获的喜悦。

大自然是行走的课堂,本次"与春天握手,携快乐同行"研学活动,让"小水滴"们边游边学,将课本上的知识落实到实践中,这对我们的"小水滴"来说是难得的体验,"小水滴"们在这次研学活动中收获满满,做到了游中学、学中悟、悟中得。

(撰稿人：李聪　张芸)

第四节　研珊瑚礁,促海洋保护

海洋,是一个神秘而缤纷的世界。让我们一起走进珊瑚礁,开启认识海洋生物,了解海底世界,探索海洋魅力的研学之旅。

一、课程背景

海南岛四周环海,蓝色大海之下蕴藏着绚丽多彩的珊瑚礁,多姿多彩的海底世界,构成海南省独特的海洋生态系统。随着技术和交通的日益便捷,人们有更多的机会去欣赏无限美好的自然景观。与此同时,人类盲目开发、过度捕捞以及无节制的废物排放,造成海洋生态恶化,"赤潮"现象濒发,大量珊瑚死亡……作为一名在三亚海边生长的小公民,我们应该承担起保护珊瑚礁的责任与义务。通过探究珊瑚礁的生长、作用以及现状,采用小组合作交流、查找资料、实地考察等方式进行探究,感受珊瑚礁的无穷魅力,增强保护海洋资源的意识,用实际行动去守护我们的家园,成为一名知海爱海亲海的小公民。

二、课程目标

本课程融合"核心素养"以及综合实践活动课性质,以"实践育人"为目标,通过参观考虑、实践探索、调查体验等一系列实践活动,感受珊瑚礁的魅力,增强热爱海洋、保护海洋的意识。

1. 通过了解珊瑚与珊瑚礁的形成,珊瑚礁的生物链及其特点,认识珊瑚礁的重要性等。初步形成思考问题,解决问题的能力。

2. 能用常见的、简单的信息技术解决实际问题;会运用不同的观察方法与科学探究方式,以多种形式呈现研究成果。

3. 通过对海洋的了解与调查,科学的研究,明白人类与珊瑚礁的关系是密不可分的,从而提高保护珊瑚礁的意识,懂得用自己的实际行动去保护海洋,做一名知海爱海亲海的社会小公民。

三、课程内容

让每一名儿童通过研究与学习,了解珊瑚和珊瑚礁生物特性,深入了解海底世界。课程内容分为五大主题:"小小调查员""小小研讨家""小小探究员"

"小小指导家""小小汇报员"。学习过程循序渐进,将珊瑚礁的认识更加完整地呈现在儿童面前。本课程适用于五年级的海岛行社团。本次珊瑚礁活动过程如下:

(一) 小小调查员

活动主题:小小调查员

活动内容:设置调查问卷,发送到五年级各个班级,发动每个儿童积极参与,调查结果分析。

活动目标:通过调查问卷的形式调查儿童对珊瑚的了解程度,以及想要探究的问题。

成果展示:通过调查问卷的形式为活动的开端,根据大数据显示选择排名前5的问题为研学目的,集中儿童参加后续的研学工作。

(二) 小小研讨家

活动主题:小小研讨家

活动内容:开展项目启动会,在会议上老师与儿童一起对珊瑚的研究与采访的内容展开讨论,儿童将自己的疑问及感兴趣的内容记录下来,根据所研究的问题小组制订研究计划。

活动目标:通过小组讨论的形式,将研究的问题制订计划,培养儿童学会交流合作的能力。

成果展示:研究计划表的制作与展示。

(三) 小小探究员

活动主题：小小探究员

活动内容：深入南海研究所和"珊瑚爸爸"一起走进珊瑚的世界，探知珊瑚礁的魅力，在研究中解决珊瑚的种类，珊瑚白化等问题。

活动目标：通过实地考察与采访，探究珊瑚的奇妙之处。

成果展示：儿童采访稿的展示。

(四) 小小指导家

活动主题：小小指导家

活动内容：通过调查，研讨与探究，开展调查指导课。

活动目标：通过调查指导课的开展，学会利用摘录的方法整理资料。

成果展示：电子小报与资料卡的展示。

(五) 小小汇报员

活动主题：小小汇报员

活动内容：收集资料，汇报展示。

活动目标：认识了解珊瑚礁的生态系统，通过小组展示学习成果，多种形式中深入了解珊瑚礁，增强儿童热爱珊瑚礁，热爱海洋的意识。

成果展示：手抄报，小组展示研究成果。

四、课程实施

本次珊瑚礁研学之旅主要面向五年级，招募研学项目组成员，参与人数大约

五十名孩子,通过调查问卷,召开准备会议,实地探究,研究总结等方式展开研学,研学时长约为 2 周,实施阶段如下:

1. 研学准备阶段。根据本次研学的特点,对本次研学之旅进行了设计,如参观南海珊瑚所,与"珊瑚爸爸"交流体验,去珊瑚研究室感受科学魅力等活动。本次研学根据研学的特性,通过与儿童简单的沟通,唤起儿童对研学的期待。同时,让儿童通过调查问卷,网络探索,查找书籍等多种形式了解到珊瑚礁的知识,并通过问卷结果,研学前准备会议,研学小组讨论会等多种形式进行分享,增加儿童对本次珊瑚礁之旅的了解与认识,做好研学准备。

2. 研学进行时。实地深入南海珊瑚研究所,体验珊瑚研究室的魅力,感受形态各异,千姿百态的珊瑚标本,在珊瑚所里通过实际的考察,了解海洋资源的多样性和珊瑚礁与人类的关系。围绕出行主题(如珊瑚的形成、珊瑚的作用等)与珊瑚研究所的负责人和科学家们进行交流,让研学之旅充满科学的趣味和珊瑚之间的碰撞,鼓励儿童们在研学游览过程中,将自己的所见所闻所感,用照片、记录表等形式记录下来。

3. 研学后的分享阶段。研学归来的儿童们通过展示活动记录表、美篇制作分享、项目指导课主题汇报会等多种形式展示自己的研究成果。

五、课程评价

在评价方式上,做到形成性评价与总结性评价相结合,采用不同的评价方式,通过自评、儿童互评、教师评价等方式,根据研学主题与内容评选出"珊瑚礁优秀探险家"评价标准。(见表 6 - 7)

表6-7 "珊瑚礁优秀探险家"评选标准表

珊瑚礁研学之旅得分表(按等级分为优秀、良好、合格)			
姓名:	带队老师:		
评价内容	自评	互评	师评
1. 能积极通过多种形式调查珊瑚礁的知识			
2. 能把调查的内容分析清楚			
3. 能积极参与研讨活动			
4. 具备制订研讨计划的能力			
5. 能积极参与实地探究			
6. 能把探究内容条理清晰的记录下来			
7. 能积极指导小组讨论			
8. 能熟练利用摘录的方法整理资料			
9. 具备小组展示能力			
10. 能把调查总结语言清晰汇报出来			
我的收获:			
伙伴的话:			
老师寄语:			

通过本次珊瑚礁科学活动的实施,让每一名儿童都能关心海洋生物、关注海洋环境,从本质上了解认识珊瑚礁与我们人类的生活息息相关,没有海洋就没有我们现在科技发展的巨大变化,面对这美丽的珊瑚世界,我们每一名儿童都有热爱珊瑚礁、保护海洋的使命感。珍惜海洋资源,保护珊瑚生物,珍爱生命的摇篮,愿我们人类与自然共生存,生活更美好!

（撰稿人：廖树结　周姝彤）

第七章 借风帆之力逐浪前行

　　没有课程资源的广泛支持，再美好的课程设想，也难成实际的教育成果。不少人认为，课程改革最大的困难就是资源的缺乏。其实，课程资源无处不在，无时不有，巧用资源，贵在选择与创意。只要善于发现、善于挖掘、善于利用，就可以使课程"活"起来，就可以调动儿童的积极性和主动性，从根本上改变学习方式。

三亚拥有得天独厚的自然人文资源,这里不仅有辽阔的海域,还有植被丰富的热带雨林。除了多彩的自然资源外,三亚还拥有丰富的人文资源。挖掘与利用好蓝色海洋资源、绿色生态资源、红色人文资源融入学校课程建设;统整家校资源,形成并实施家校共育课程,培养家长参与学校教育的科学性,合理性,达成家校教育的一致性,成为服务学生成长的课程资源。校园必须让每一个空间充满获得经验的机会,尽可能让环境具有自然和生命的气息,让其成为宝贵的课程资源,激发儿童的探索欲望,激活课程创生力。

第一节　在地文化,课程资源有根有魂

　　在"小水滴"课程建设中,我校充分整合在地资源,寻找课程与社会生活的切入点,把学生的社会生活体验同课程学习结合起来,将社团活动与生活紧密联系起来,把知识与生活、学习、活动有机结合起来。这给学生的课程学习创造了广泛丰富的社会实践体验,丰富学生的见识,滋养学生的心灵。

一、蓝色海洋资源

三亚，一个热带滨海旅游城市，有着诸多无与伦比的美丽海湾。三亚地区的人们依海而居、与海为伴，与大海和谐共处，这些都给孩子们以文化启蒙和文化认同。深海潜水，触摸多姿多彩的海底世界；海上垂钓，收获劳动的快乐与惊喜；掌舵帆船，感受遨游大海的畅快；走进疍家，感受独具特色的渔民文化……多样的海洋特色活动体验，强健了学生的体魄，磨炼了学生坚强的意志。

利用蓝色海洋资源的特点，设计培养学生科学探究的意识与能力的实践活动。如开设"海洋有多大""海水的味道""多变的大海"等综合实践活动，让孩子们知道地球是一颗蓝色星球，海洋所占的比例超过 70％，对地球上的四大洋有初步了解。感知海洋是相互连通的，体会海洋的辽阔与博大。通过问题"海水是什么味道？""喝过海水吗？""海水能不能喝？"等问题让孩子们亲身体验；通过"尝一尝"等实验方式，了解海水中含有盐分，并且了解海浪都有哪些样子、了解大海的色彩变化。例如通过认识孩子们得出结论"大海是个调色板"，随后引导孩子动手画一画自己想象中的大海，感受大海的千变万化。

利用海洋资源里也包含海洋动物的特点，开设了"千奇百怪的鱼儿"等课题。通过观察各个鱼的名称和特点，学会看图识别鱼类，并且增强了孩子们保护海洋及各种生物的意识。我校还开设了"沙画"与"七彩海贝"课程。这都属于海洋资源的一部分。孩子们利用沙子随音乐起伏随性的创造，将画面赋予故事性，场景性表现内心的情感。七彩海贝课程中孩子们认识了各种各样的贝壳，还用贝壳来拼摆出了新的画作。

二、绿色生态资源

　　三亚具有三大得天独厚的绿色生态资源。一是宜人的海岛气候，使其成为冬可避寒、夏能消暑的休闲度假胜地。典型的热带季风气候，年均温为 23.8℃，有"终年皆是夏，一雨便成秋"之说。二是良好的生态环境，海南岛上有五指山、霸王岭、尖峰岭、吊罗山、黎母山五大热带原始森林区。岛上森林覆盖达 52.3%，遍地皆绿，四季常青。三是独特的热带风情，阳光、海水、沙滩、绿色、空气，当代五大旅游度假要素在这里一应俱全，同时还有热带雨林、椰风海韵、奇花异木，形成独特的热带海岛自然人文风光，成为全国著名的绿色生态旅游市。

　　依据九小学课程理念，为了孩子们能更好地亲近自然、逐梦成长，2021 年 4 月 2 日学校开展研学活动，目的地分别有玫瑰谷、呀诺达、天涯海角、鹿回头等景区。孩子们到达玫瑰谷后，在研学导师的带领下，各方阵分区域参观了景区。孩子们了解了玫瑰谷园区各种花卉、植物的名称及作用，参观了沙生植物园区；孩子们走出校园进入热带雨林呀诺达景区，感受大自然的神奇，感受春天的美景，让孩子们了解热带雨林知识，亲密接触大自然，拓展视野，增强体质；到天涯海角景区认识每一块奇珍异石，听大海私语；走进南天一柱、海畔南天、金龟探海、天涯石等天然景观；进入鹿回头景区，开始了"向阳而生，向爱而行"的研学之旅。认识了解了鹿回头传说、民族的文化，认识了动植物，俯瞰鹿城全景。在参观过程中孩子们认真做好参观记录，在参观游玩的同时不忘动脑思考，认真获取新知。

　　素有"天然大温室"之称的三亚地处低纬度，属热带海洋季风气候，适宜各种农作物，尤其是热带作物生长。[1] 这里气温最低为 1 月，平均 21 摄氏度，6 月气温

---

① 张瑞海.海南岛传统聚落水环境的生态营造研究[D].海口：海南大学,2017.

最高,平均为 28.5 摄氏度,冬季平均气温 20 摄氏度;全年日照时间 2 563 小时,年平均降雨量 1 279 毫米。这里四季如夏,可谓三冬不见霜和雪,四季鲜花常盛开,主要农作物有水稻、番茄、花生、甘蔗等;主要热带作物有椰子、槟榔、橡胶等;主要水果有菠萝蜜、菠萝、香蕉、芒果等。三亚还是南繁育种基地和中国著名的冬季瓜菜生产基地。三亚水稻国家公园,是我国水稻之父袁隆平的三亚综合实验基地。这里占地面积 2 800 亩,其中种植面积约 2 100 亩,以农业生态、农业观光、农耕文化、南繁水稻科研、稻作文化、科普教育、民俗风情等主题,打造中国农旅融合示范区、水稻科学博览基地、稻作文化体验基地、种业交流展示基地,建设"大型国际化农旅观光体验休闲度假区"。①

在研学之旅中,孩子们去了大茅远洋生态村。在生态村孩子们看到了很多自己熟悉的农作物,也有从来没见过的农作物。跟着研学导师的引导,细心观察、了解了农作物是怎么样生长的,并且一种植物有好几种培育的方式。还在研学导师的指导下,种植了太空种子。

三、红色人文资源

挖掘本土红色资源,让红色文化融入血液。三亚市地处祖国的南端,其历史悠久,红色资源非常丰富,其中具有代表性的红色遗址遗物有:崖城革命烈士纪念碑、梅山老区烈士陵园、仲田岭革命根据地烈士纪念碑、公墓海景烈士纪念碑、田独"万人坑"、西沙海战烈士陵园等。② 这些在各个历史时期的红色遗址遗物,都真实传颂着一个个可歌可泣、催人泪下的历史故事。

---

① 蔡遥. 全域旅游视角下三亚海棠湾旅游发展研究[D]. 三亚:海南热带海洋学院,2020.
② 陈诚,汪海军. 三亚红色旅游资源的开发现状分析及其对策[J]. 琼州学院学报,2012,19(1):20—21.

以红色文化树人,以红色课程育人。坚持以红色精神立德、红色文化树人、红色课程育人。红色教育要与优秀传统文化教育、思想道德教育等内容相结合,培育时代新人。为此,让学生了解红色历史、体验红色情怀,能够帮助他们塑造健全的人格和坚定的理想信念。为了推动红色教育更好地开展,我校与市内各大高校加强交流,共同打造一体化的红色教育课程体系。

1. 2021年是中国共产党建党100周年,我校深入开展"从小学党史、永远跟党走"主题教育活动,着力引导少年儿童"听党的话、跟党走",用"儿童化"的语言讲好"四史"故事,传承红色基因,大力培养少先队员对党和社会主义祖国的朴素情感,从小培养少先队员共产主义理想和道德的萌芽,以百年党史照亮少年儿童的未来。

2. 2021年清明节,学校少先队员和党员教师代表来到梅山烈士陵园,举行了"心向着党 逐梦成长——传承红色基因"清明祭英烈活动。听党员老师讲述英雄故事,少先队员代表向革命烈士敬献花篮。通过此次活动队员们意识到今后更要继承和弘扬革命先烈的光荣传统,不忘初心、继续前行。

3. 在学校外出研学中,也时时刻刻穿插着红色教育。被称为三亚的"延安":梅山革命根据地由"梅山革命史馆""梅山图书馆"等10个部分组成,是三亚市较为齐全的红色文物宝库。在研学途中我们设计了让孩子讲党史、唱红歌等活动,让同学们深切感受到我们现在优越的生活环境是千千万万革命先辈用心血和生命换来的,我们要珍惜现在,铭记历史。

4. 借着十岁成长礼之际,我校师生通过行走的"红船课堂"之走过红色海岸线研学课程,沿着前辈的足迹,走进梅山革命烈士陵园(纪念馆),了解革命先烈的事迹,寻找革命先烈遗物背后的故事,学习"红船精神",争做"红船精神"的小小传承人。

5. 体验丰富多彩的少数民族文化。三亚民族传统文化丰富多彩,是黎族、苗族、回族等少数民族聚居地。黎族在海南岛的发展历史悠久,且形成了独树一帜的传统文化。作为我国的少数民族,其极具民族特色、具有代表性的文化知识包括"黎族三月三"活动、黎族民歌、黎族织锦、黎族服饰、打柴舞等。为此,我校组织学生到海洋热带学院黎锦协会参观和体验织黎锦。体验后同学们还分享了自己的感受,有同学说"太有趣了";有同学说"体验过、懂得欣赏也是一种热爱";也有同学说"非常地不容易,但是看到一幅幅成品时,又很有成就感"。我们还把黎族歌舞唱进课堂、舞进校园,让学生接受艺术熏陶,提升学生核心素养,同时也提高学生的艺术鉴赏水平。我们在课程的学习中不仅仅让学生参与演绎黎族的歌舞,其中还包含了对黎族音乐历史、背景的了解及学生创造性学习的内容,引领学生体验黎族歌舞之美,激发学生爱家乡、爱祖国,让学生在耳濡目染中受到熏陶。这样的体验式学习,能够让学生在体验中得到情感的投入、心灵的共鸣、能力的增强和思想的升华,为学生营造一个接触生活、探究知识、提升素养的学习氛围,在情境中求知,在求知中体验,从而有效提升学生的核心素养,促进学生身心和谐发展。

第二节　家校共育,拓展生命的长宽高

只有根深、干粗、枝繁、叶茂,果才硕。学生、学校、家庭三者之间是以学生成长为核心,学生成长让学校育人价值得以体现,孩子进步让家庭幸福得以实现,学校家庭的携手联动让社会更加和谐有序。[①] 统整家校资源,形成家校共育课程,能

---

① 刘厚萍. 中小学学校空间变革研究[D]. 上海：华东师范大学,2019.

避免家长只在形式上的介入，培养家长参与学校教育的科学性、合理性，将学校教育、社会教育与家庭教育有机整合起来，成为推动学生发展的合力。

一、家委资源

家长是否参与学校的教育，参与的程度如何，是制约小学教育发展的重要因素之一。[①] 为了加强家校间的沟通与联系，充分发挥家长对学校教育的监督、参与作用，把家校教育有机结合在一起，有效地形成学校、家庭、社会教育的整体合力。为此，家校联手应当作为学校教育重要的抓手。本着平等、尊重与合作的原则，争取家长的理解、支持和主动参与。小学的家委会就是以家长合作者的身份，参与和协调孩子们的教育和管理。作为家庭与学校之间联系的桥梁和纽带，家长委员对增进家庭与孩子间的信息传递、整合、提升学校的教育资源，形成教育合力起到了巨大的促进作用。[②]

1. 家委会的组成。我校以此为契机，建立健全班级、年级、学校三级家委会，整合资源，完善家委会机构，成立家长助教团，家长护校队，家长义工队，构建起学校、家庭、社会三位一体的"雅行"教育网格，提高家校合作的广度、深度和融洽度。建立学校家委会统筹制，设立法律顾问，后勤主任，活动策划，文化传媒、沟通部门等相应岗位。各种岗位明确职责，各司其职，增强家委会的服务意识。家校携手，呵护孩子健康成长。

2. 家委会的主要任务。家委会对学校的教育质量、教师工作、研学活动等方面提出相关意见，发挥监督作用，促使学校教育迈向新的台阶。不仅如此，家委会

---

① 蔡广.上海小学校园足球发展的文化制约及治理研究[D].上海：上海体育学院,2019.
② 姚舜.学社关系视角下日本区域教育理论与实践模式研究[D].长春：东北师范大学,2015.

成员还广泛搜集家长对学校的意见和要求,交流家庭教育的经验。针对班级一些特殊孩子,家委成员常常协助学校与老师做好特殊家长工作。

3. 家委会设立的作用。这种一体化的教育网格不仅有利于疏通家校双方之间的信息沟通通道,提高了信息交流的效率,还能够进一步为家校共育提出新颖的切入点。

总之,家委会的设立是代表全体家长和孩子利益的群众性组织,也是一种家校共育的新形势。通过广泛的沟通与交流,成为学校和家长意见沟通和信息交流的重要纽带,使得家校共育迈上了一个全新的台阶。

二、家长课堂资源

随着教育改革的深入发展,新的教育理念也逐渐渗透融入家校共育当中,而家校共育也被赋予了新的内涵。家长资源是学校最为丰富的校外教育资源,爸妈进校园活动正是挖掘家庭教育资源,形成家校共育的主要实践活动之一。通过学校、家庭、社会的有机结合,创造优质教育。

1. 家长课堂资源的挖掘。本着家校共育的教育原则,我校打造"海爸蓝妈大讲堂"课程。父母是孩子的第一任老师,父母的一言一行对孩子不仅是教育,更是一门课程。"海纳百川"的家长来自不同的行业,从事不同的职业,有着丰富的人生阅历、广泛的兴趣爱好和独特的技能,这恰恰是每一名孩子身边最宝贵的资源。学校充分利用好家长的相关资源,构建起强有力的家校教育网络。将学校、家庭、社会三者紧密结合在一起,形成巨大的课程合力,服务于孩子的成长。

2. 家长课堂资源的运用。自"海爸蓝妈大讲堂"课程开设以来,有近千名家长走进了学校，走上了讲台，进行各种主题的讲座，让学生触摸课堂教学领域以外的知识，丰富学生的经历。学校还整合了各班的课程资源，对深受学生喜欢的课程又进行了走班式巡讲，得到了学生、家长、社会的一致好评。在此基础上，我们健全"大讲堂"优质讲师档案库，推出校级"大讲师"，优质资源进行共享，作为学校传统课程保留下来。通过这样密切的家校联系，为家长提供了相互交流的平台，让家长中优秀的"家长讲师"起到榜样与带头的作用，对其他家长起到推广与促动的作用。每个家长来自不同的行业、有着不同的工作，这本身就能成为我们学校教育的丰富资源。形式多样的家长进课堂活动，让不同职业、不同阅历的家长充分发挥自身的职业优势和兴趣特长，走进校园，走进课堂，走近孩子。让家校合力，为孩子们营造丰富多彩的成长成人环境。

3. 家长课堂开设效果。"海爸蓝妈大讲堂"课程开设以来，得到了学生、家长、社会的一致好评。课程把学校"海洋文化"精神融入到养成教育、尊重教育、礼仪教育、安全教育等主题教育中，更好地实现了学校、社会、家庭教育的有机整合。其中，有许多优质课堂，例如：孙屹轩妈妈给孩子们带来"少儿财商知识大讲堂"，她带着孩子们一起认识金钱，了解金钱的作用及由来，在这个过程中孩子们学会了如何合理的使用零花钱，并励志做个有"财商"的小朋友；翁贤桐妈妈给孩子们带来了"自然界可爱的动物和植物"，从动物的分类、植物的分类以及植物生长的需要让孩子们认识到大自然孕育人类，唤起孩子们保护环境、热爱自然的意识；张潇颐家长给孩子们讲述了丰富的"海洋故事"，培养热爱海洋的孩子，让海洋基因注入到孩子的灵魂，为建设海洋强国做好准备；梁宇爸爸给孩子们带来了"感恩"为主题的课程，让孩子们感受中华传统美德，体会"百善孝为先"，感知父母的辛劳，体会亲情的伟大；孙绮晗妈妈给孩子们讲述了自己创业的故事，在创业的过程中遇到的困难，也收获了成功，最后拥有了自己的品牌，孩子从中得到了启发。也许就在今天,这创业的"种子"已在孩子们的心中生根了,在不久的将来就会开花结果。

"海爸蓝妈大讲堂"的课堂授课方式活跃多变,运用课堂问答、小互动、小游戏等环节营造良好的课堂氛围,推动大课堂进一步朝多元化、专业化、层次化的教学目标发展。家长大讲堂开拓了学校教育的广度与宽度,孩子们从家长课堂中汲取书本而外的知识和视觉,丰富了家庭教育的经验。该大讲堂成为家庭、孩子、学校交流的纽带。

第三节　空间育人,激活隐性的校园文化

随着教育的不断发展,教育自身发生了一些根本性的变革,学校的空间建设和管理越来越被人们所关注,学校的建筑不只是提供一个教育的场地,也是一门重要的隐性课程资源。

空间建设和管理是学校教育工作的重要部分,是文化科学教育的基础,是展现学校教育理念和办学特色的重要平台。我校的校园空间建设力求将无形的精神文化隐含于有形的物质文化之中,隐含于一草一木、一图一字之中,充分利用校园的每一面墙、每一级台阶,让教育随时随地、无处不在,让学生抬头有所见,俯身有所得,在潜移默化中得到文化熏陶和润泽。[1]

---

[1] 黎逊."空间"即课程,处处皆育人——三亚市第九小学的"空间课程"建设纪实[J]. 新教育,2016(11):52—53.

一、广场文化

校园环境不同于其他文化性场所,它是学生接受知识的地方,优雅、端庄、朴实、自然是它的本质特征。不同功能区域通过不同的设计手法来处理,诠释着校园的精神文化。三亚九小的校园环境主要包括校门、教学、休息、运动场等功能区,根据各功能区的不同特点而建设,既提供了教学、工作、学习、运动的物质场所,又能促进师生交流、激发灵感、创造智慧、提高素养、陶冶情操。如校门区是学校对外形象宣传的重要区域,故设计采用简洁大方、彰显学校文化特色的手法,建了水滴型校门、水滴型喷泉水池、水滴型绿化带等;休息区则采用轻松、亲和、宜人的设计,教学楼的架空层设置了书吧、园凳,每棵大树的树池都围成水滴形的座位,为师生的休息和交流提供了便利;而其他区域多以海洋文化为主题,建设了"学海扬帆"雕塑、"海底世界"文化墙、蔚蓝色的塑胶运动场等。

学校有"博学"和"雅行"两栋教学楼,校园建筑讲求整体规划、合理布局,避免五花八门、没有主题。建筑以黄色和蓝色为主色调,黄为土地,蓝是大海,彰显了学校立足本土,打造海洋文化特色学校的理念。让每一面墙壁都会说话,让每一条通道都富有生命力,让每一个设施都具有教育功能,让校园环境成为滋养学生心灵的沃土,这是我们对校园环境建设的要求。我校充分利用校园每一处空间,挖掘其育人功能,让学生时时处处都能获得知识,受到教育。来到学校,首先看到一座水滴造型的校门,寓意"滴水藏海、方寸海纳",体现了"让海蓝浸润生命"的办学理念。走进校园,处处可见温馨的提示牌;树木上挂着介绍相关知识的"名片";校园各个墙角以及每一棵大树的树下都种满了各种花草,这是学生劳动的成果;地面上的每个井盖,都被孩子们绘制成漂亮又可爱的卡通画……

二、走廊文化

学校走廊文化的建设注重室内外空间的融和,力求空间的交融和延伸。走廊的装修,顶部是白色的"浪花",底部是蓝色的"海洋",中间是各种造型的"水滴",这些"水滴"是摆件架、宣传框等。走廊里主要展示师生们的书法、绘画、手工、习作等作品,这些作品有的张贴在宣传框里,有的放置在摆件架里,有的展现在画架上,有的悬挂着……作品丰富多样,精美别致,整个走廊就像艺术的殿堂,学生每天在这里耳濡目染,长知益智,受到美的教育,得到艺术的熏陶。漫步各个走廊,这里的装修凸显海洋文化特色,并装饰着海洋知识,激励学生做个具有大海品质的人。

每个年级的走廊内建有开放的书吧,孩子们随时可以坐下来潜心阅读。良好的阅读能健全孩子的心智,养成良好的思维习惯,促进孩子们心灵的健康成长。为此,各年级精心推荐阅读书目,要求学生每学期最少阅读 10 本书,并评选"阅读之星"。此外,开展家长与子女每天不少于 30 分钟一起读书的"亲子阅读"活动等,营造了良好的阅读氛围。

学校的走廊,还充分发挥着育人功能:走廊处处可见温馨的提示语;墙壁粘贴着有关安全、文明礼仪等方面的标牌;楼梯的台阶上装饰着名人名言;消火栓箱经过改造,兼有了消防安全宣传栏的功能;走廊里还设了"榜样教师栏""雅行少年榜",激发了师生们的自豪感和归宿感……点点滴滴,都在无声地规范着师生的言行举止,营造着良好的育人氛围。

三、教室文化

教室是学校教育的主阵地,是学生学习和成长的乐土,班级文化建设有着巨大的教育潜力。充分发挥教室的育人作用,教室里除了统一的国旗、校训、黑板报以外,各班都有不同的特色,打造各自的风格。每个班都以一种海洋生物给自己的班级命名(如海豚中队、海星中队等),制定班级口号,设计班级名片;每个班都有自己的展示栏,展示着学生的优秀作品、奇思妙想、感人瞬间……教室里的黑板报、评比栏,甚至电灯开关的装饰,都是学生自己设计制作,充满了童真童趣。走进教室,仿佛置身于童话世界,到处洋溢着宽松、民主、和谐的气氛。

我校的空间建设注重打造品牌。围绕着海洋文化特色,学校设立了一系列功能教室,如海洋知识活动室、贝壳工艺馆、沙画室、帆船活动室等。其中,贝壳工艺编制了教材,已成为一门较为成熟的校本课程,学生们制作的贝壳画、贝壳塑像、贝壳风铃等作品,均有较高的艺术价值。

校园空间建设服务于教育教学活动,教育教学活动以校园空间为展示的平台。[①] 学校围绕"小天使、小当家、小达人、小健将、小创课、小博士"等六个板块,在扎实抓好常规教学的基础上,加强活动建设。如:1. 开展经典诗文诵读活动。各年级每学期都给学生推荐诵读篇目,每天早读课、课前 5 分钟、放学路队时,学生们都热情饱满地诵读诗文。通过诵读活动,不仅使学生增强文化底蕴,提高语文素养,同时也受到文明礼仪和传统美德等方面的教育。2. 开展艺术教育活动。开设合唱、舞蹈、琼剧、书法、绘画、贝壳工艺、沙画、陶艺等社团,丰富学生课余生活,

---

① 苏笑悦.适应教育变革的中小学教学空间设计研究[D].广州:华南理工大学,2020.

培养学生艺术素养。3. 开展体育活动。利用学校场地，组建了足球队、羽毛球队、乒乓球队、田径队、帆船小组等。运动场上常常热闹非凡——校园足球联赛、文明礼仪操练习、田径队训练……学生参加体育运动的热情高涨。4. 开展科技活动。组建了车模、航模、机器人、七巧板、魔方等社团，定期开展训练和比赛活动，培养学生的科学兴趣和创新精神……校园空间建设搭建平台，丰富多彩、生动活泼的各类活动，激励学生积极参与，让学生得以充分展示自己的才华，促进学生全面发展。

走进校园，呼吸着清新自然的空气，感受着优雅的人文环境，听到学生的琅琅书声和欢声笑语，到处呈现一派井然有序、生机勃勃的气象。空间建设正以可见、可闻、可感的形式，浸润着师生的心灵，推动着学校向更高、更远的目标迈进。学校利用自身优势，立足于让每一个学生灵性成长的宗旨，以海洋元素为主要内容，建设"滴水欢歌向海蓝"的校园文化，即体现了教育的价值性、过程感，又体现了发展的方向感、特色化。"蓝海"——它不仅仅是一种文化符号、学校标识的重要组成部分，它更是一种精神象征，受到全体师生及家长的内在认同。

（撰稿人：宋斌麒　黎逊　赖素素　崔译匀）

第八章

让课程变革乘风破浪

　　课程是有价值内蕴的,是学校办学理念与文化精神的真实再现。因此,在学校课程管理中,我们以学校教育哲学为引领,突出课程的文化意蕴;建设课程管理团队,激发学校课程改革活力;建立课程评价体系,指引学校课程高质量发展,掌好课程改革之舵,让学校课程变革乘风破浪。

课程管理是系统管理课程的一连串活动,是学校课程建设的主要工作。激发学校活力,形成学校办学特色是课程管理的终极追求。科学规范的课程管理直接关系到教育方向和育人质量,关系到学校管理水平和办学水平。在学校课程管理中,我们以学校核心理念引领全局,使课程承载起学校文化,成为学校文化的主脉,彰显学校的文化精神,体现先进的文化价值理念。学校课程管理作为一项实践性突出的管理活动,必须建立有效的教育目标和课程组织体系,建立科学高效的课程评价,多措并举,促进课程规管理范化、制度化,推进课程建设的深度变革和创新发展,为着力培养担当民族复兴大任的时代新人提供有力的支撑。

第一节　用先进文化指导学校课程建设

　　文化引领是学校课程管理的导航和关键。课程文化是课程价值观念的体现,只有以先进的文化价值观为指导,才能形成先进的课程体系和课程管理体系。学校将地域优势转化为教育资源优势,寻找学校课程的逻辑起点,进一步挖掘和利用地域海洋文化资源,将海洋文化元素融入学校文化体系中,统领全校师生的学习行为和发展过程,以先进、科学的学校文化统领学校课程建设和课程管理,真正彰显海洋文化的教育价值。

一、确立我们的教育信仰

"教育须有信仰，没有信仰，就不能称其为教育，而是教学而已。"[①]教育信仰是教师内心的教育光芒。它照耀着教师的教育人生之路，照耀着每一间敞亮的教室，为学生度过幸福而优秀的一生打上厚实的精神底色。以"小水滴"课程为载体的"蓝海教育"，不仅仅是学校领导力班子的事情，更是全体教师的事情。在课程建设与实施之中，从管理层面首先探索与实现课程管理向课程领导的转变，将校长的办学思想与教师的课程梦想有机整合，通过课程活动、团队研修等形式引领教师实现文化自觉。

"小水滴"课程是学校的一项系统工程，尤其是课程体系整合与发展，涉及全校师生教师为保证"小水滴"课程建设与发展的顺利进行，需要全校上下统一思想，明确学校发展的愿景，确定共同的价值追求。我们以"蓝海教育"为切入点，营造良好的氛围，提高教师对"蓝海教育"的文化认同，鼓励教师追求自己的教学主张，形成有个性"蓝海教育"特色，自觉在教育实践中应用，不断探究，不断丰富"蓝海教育"的内涵，以我们的实际行动，开展一场"蓝海教育"的探究旅程，一切以学生发展为核心，让"蓝海精神"与师生灵性成长融为一体。

二、用课程理念贯穿始终

我们倡导"蓝海教育"，追求舒展灵动的教育姿态，秉承"让每一个生命澄澈明亮"的办学理念，坚守让"培养品格像大海一样澄澈、学识像大海一样渊博、创意像

---

① ［德］卡尔·雅斯贝尔斯.什么是教育［M］.北京：生活·读书·新知三联书店,1991：44.

大海一样奔涌、体魄像大海一样强健的蓝海少年"的教育追求,确定了"走进社会长智慧,亲近自然展灵性"的课程理念。透过课程理念,向师生传递一种教育态度和热情,展现一种全新的"蓝海情怀";通过"小水滴"课程的实施,精心设计学校课程内容,开展有意义的实践活动,让课程理念成为孩子们成长的基石;发挥课程整体育人功能,丰富学生经历,创设学生喜欢的学习实践平台,在大自然这一独特的生活课堂里逐日、放歌,让教育回归自然,让学习自然发生,促进学生灵性成长。让大海一样的品质濡养着生命灵性,滋养着生命土壤,成为在全体师生生命中的温暖阳光;让那片纯粹的蔚蓝直达孩子的生命,成为童年的精神底色。

第二节　用机制创新推进课程深度变革

　　课程组织是实现学校教育目标和课程目的的根本保证。所谓课程组织,我们可以从两个方面理解,一是动态过程的角度,它指的是学校课程体系、要素、内容之间的安排、排序、实施方式和过程。二是载体组织的角度,它是指实现课程目标、组织课程活动的实体组织和载体组织。从学校教育实践过程看,课程组织是学校的实体、载体组织与学校课程实施活动过程的原则、制度和规范系统的有机整合,其重点在于学校的团队建设。

一、设计有效的学校课程管理组织结构

　　学校课程体系和管理体系的变化不是学校管理的单方面内容,而是一个系统

的学校管理工程。我们从提高学校管理和课程管理效率出发，遵循扁平化、项目化和系统化的原则，对学校的组织架构和管理格局进行了解构和重构，形成新的课程管理组织体系。（见图8-1）

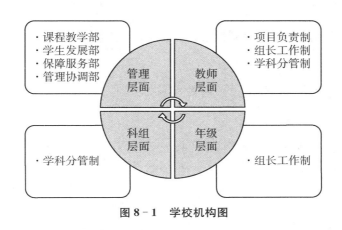

图8-1　学校机构图

我们将原有部门的职责重新界定整合为"课程教学部""学生发展部""后勤保障部"和"管理协调部"四个部门，把组织视为生命体，去激活个体的内生价值，用组织变革的方式来解决学校转型的战略任务，走向理念与行为的一致性。在思维方式上树立系统思考和研究意识，明确职责及承担的任务，从全局到部分，每个人对自己工作的意义认识越清楚，责任感就越强。在此基础上，我们又在学校推行"级部管理改革"，在每个年级成立年级部，设立级部主任，由党支部、校务会研究决定主任人选，同时通过中层以上领导分管直接抓年级部，做到宏观调控、统筹运作。推进年级部负责制管理，创造性地发挥年级部的团体作用，使学校管理走向精细化、科学化和规范化。年级部的职能是管理、参与、协调和服务，关键是规划引领、重心下移、充分授权、自主发展。学校原有部门的管理职能逐渐下放到年级，不断优化"管理重心下移，领导工作下沉"的管理方式，年级部全体教师组建教学小组、安保小组、环保小组、活动小组、档案小组等实现自主管理、自行决策，调动全员教师参与学校管理的主观性和积极性，形成"事事有人管，人人有事管，人人愿做事，事事能做好"的运行机制，充分调动全体教师参与学校管理的主动性和积极性，促进更多的老师积极关心学校发展，献计献策，逐渐形成年级组特色，有意识地推进年级文化的建设。新的管理模式为学校带来勃勃生机，创造了一个又一个骄人的业绩。

二、组建课程团队，以推进课程有效实施

教师是课程实践者和生力军，教师在"小水滴"课程建设中同样具有领导地位和作用，我们主张教师要在各自课程实践中践行"走进社会长智慧、亲近自然展灵性"的课程理念，并以此将"蓝海教育"落实到实际行动中，贯彻始终。学校成立课程中心，组建课程学术团队，负责"小水滴"课程的总体开发、调控与实施。我们以年级为单位，建立年级课程团队，下放课程管理权限，明确年级主任、教研组长、备课组长三种管理角色的责、权、利，履行课程研发、实施和评估三大职能，推进年级课程管理。年级主任负责该年级全部课程的架构与实施；纵向上，教研组长负责的是学科课程（活动）的结构设计与质量评估，强调的是课程衔接，横向上，备课组长负责的是在结构设计框架下本年级的学科（活动）研发、实施与评估，突出的是协调推进。

在专家引领和指导下，我们提炼形成校本化的教师跨界研修模型——CTR 模型，"CTR 模型"内涵包括"三阶段、五结合、四跨越、三转变"，在"单学科碰撞、多学科合作、跨学科研究"三个阶段中，教师围绕课程建设中的关键问题，展开"国家课程统一要求与激发个性成长相结合、教师课程创意与课程具体实践相结合、教师独立开发课程与教师团队合作开发课程相结合、应用网络随时研究线上与现场沙

龙互动相结合、学校校内教师研讨与校外机构专业人员互动相结合"的五项结合,经历跨学科、跨学段、跨领域、跨时空的四个研修旅程,实现老师们从书写简单教案到编制课程纲要,从组织学习内容到设计学习经历,从注重知识技能到强化实践探究这三个方面转变。教师从过去教材的执行者变成今天课程的研发者设计者。一大批教师迅速在课程改革中成长起来,创生课程从教师的改变开始。

三、建设强有力的课程管理和服务组织体系

学校教育质量和教学效率的提高不是单方面努力的结果,而是学校教师、学生、管理服务人员等共同努力的结果。因而,课程组织目标的实现,必须树立全校一盘棋的思想。在学校管理中,我们要求,无论学校行政机构,还是学校后勤服务机构,都必须紧紧盯住教师,牢牢盯住学生,一切为课程建设服务,一切为提升教育质量服务,为学校落实课程体系夯实基础。(见图 8 - 2)

第三节　用多元评价助力课程品质提升

课程评价是课程体系和课程管理的重要内容,也是促进课程发展、指引课程高质量发展的有力杠杆。课程评价包括了丰富的内容,课程评价是一个价值判断的过程,要求在事实描述的基础上,体现评价者的价值观念和主观愿望。课程评价的方式是多样的,它既可以是定量的方法,也可以是定性的方法,也可以采取教育测试或测量的方法。课程评价的对象包括课程的计划、实施、结果等课程要素。

它既包括课程计划本身,也包括参与课程实施的教师、学生、学校,还包括课程活动的结果,即学生和教师的发展。

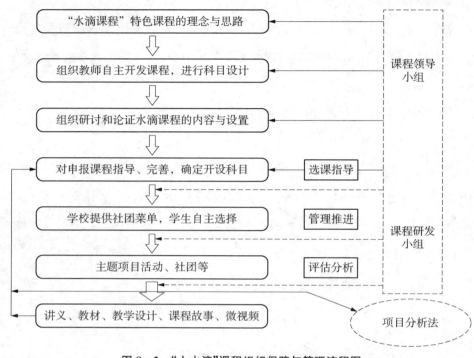

图 8‑2 "小水滴"课程组织保障与管理流程图

一、建构以学生为中心的评价体系

我们设计了《小水滴之旅》评价手册,线上扫一扫,线下贴一贴,以进阶的方式对孩子们各个方面进行过程性评价。孩子每获得 50 海里就能升级,从水手到水手长、三副、二副、大副、船长,每一个级别都有不同的奖励。孩子的所有表现,都会汇总到成长档案里,期末会生成学期报告推送到家长端。

以智慧校园平台为载体实现线上评价。九小的孩子们都有自己的电子校卡，校卡上有一个二维码，那是他的校园身份证。教师通过扫描二维码，将学生一天的校园生活、上课情况、作业质量等通过点赞或批评的形式授予学生徽章，通过系统实时反馈家长。家长通过手机的家长端了解到孩子一天的学习情况和生活情况。每个月的9日是"小水滴"们翘首以盼的日子——"海里兑换日"。5日至7日这三天，"小水滴"们可以在"五方互联班级应用"的微商城里，挑选自己心仪的礼品进行兑换，150海里可以兑换小花农，小水滴魔方只需200海里，帅帅的船长帽——孩子们的最爱，250海里，……"小水滴"的微商城里，应有尽有。9日当天，从老师手里接过兑换礼物的"小水滴"们别提有多开心了。9日，礼品兑换日，孩子们的节日。评价让我们触手可及，让孩子们满怀期待。

二、建构科学有效的教师教学评价体系

（一）用教学评价优化教育教学活动，提高教学质量。

我们的"小水滴之旅"教师评价体系使每个教师员工都成为一名德育工作者，看到孩子有好的表现，随手就能将孩子们的好表现反馈出来。课堂上孩子有了精彩回答，表扬1海里，主动帮助小伙伴，捧着书在书吧里静静阅读……随时随地，随手记录。根据孩子们获得的海里数，每周会有"十佳小水滴"的榜单，我们会把结果公布在学校的电子大屏上。孩子们兴致高涨，老师们也特别带劲儿，家长们就更放心了。

（二）用教学评价促进教师的专业化成长

教师被誉为人类灵魂的工程师。教师的职业特征是改变和促进学生心理和

精神的成长，是完善学生个性和人格的工作。因此，教师的成长和发展，不仅需要专业的教育教学知识，而且需要通过教育教学过程培养和形成专业的教育教学能力。我们通过"小水滴之旅"课程评价体系的激励和促进功能，大幅度提高了教师的教育教学水平，培养和造就了一支师德高尚，具有较高的教育专业精神、专业能力和自我发展意识的教师队伍。通过课程教学评价体系，他们更新教育教学观念，树立科学的学生观、教学观、教师观、管理观。通过课程教学评价体系，激发了教师的刻苦探究的专业精神和学习热情，形成解决课程教学过程中发现问题、解决问题的创造性能力。

三、建构科学高效的学校评价体系

学校评价是学校课程评价体系的重要内容。我们依据学校机构不同性质和功能制定了既统一又具有差别和特色评价体系。对于学校教科研部门的评价，我们在创新能力、提出问题和解决问题的能力上，加大评价和考核的权重，致力于培养教师敏锐地发现教学问题和课程问题的能力，对课程教学部门及其教学人员加大课程教学过程和知识、能力的评价和考核力度。在评价方式上，既重视期中、期末的终结性评价，又重视单元评价、学段评价等形成性评价。我们还实行了"档案袋"式的评价方式，把多次评价和随机性评价的各种材料汇集起来，突出评价的过程性。对于学校行政和后勤服务部门，加大为学生、为教师服务的评价和考核力度。通过自评和他评的方式，调动学校行政、教学、后勤服务部门工作的积极性、主动性。

四、建构科学高效的社会评价体系

办人民群众满意的教育，是我们始终如一的办学追求，也是我们不断改进学校管理、不断提高课程教学质量的不懈动力。我们的"小水滴之旅"评价体系，在学生、老师、家长间架起了桥梁，让学校管理更透明，让家长更放心，形成一个稳固的教育联盟，凝聚了教育合力。现在，发海里就和刷刷朋友圈一样自然。小小1海里让教育具象化，让行为的塑造成为可能。当孩子从入学到毕业的点点滴滴清晰记录，并呈现在眼前时，我们就能看到学校教育在他身上产生的一种力量。这就是人民群众的期待，这就是教育的价值期待！同时，为进一步加强学校与社会、学校与家长的结合，我们设立了"三级家校合作模式"，这就是以班级为基础的家校合作形式、以年级为基础的家校合作形式和以学校为基础的家校合作形式。

随着"小水滴"课程体系的不断推进与完善，学校特色和内涵发展都有了质的飞跃和提升，学生的学习需求、家长的教育需求越来越多样化，这都给学校的课程管理提出了更高的要求，给评价提出了新的挑战。我们十分清醒地认识到，群众的满意度是衡量我们办学质量的根本标准之一，家长的支持和信任是学校的宝贵财富，建构科学高效的社会评价体系，我们责无旁贷。

第四节　用体制改革护航学校课程发展

课程结构体系和课程实施过程不是机械死板的，而是一个不断发展、不断变化的动态系统和过程。因此，课程控制、调节、反馈、优化是学校课程管理的重要内容。

一、全力完善管理机制，推进课程建设

学校规章制度是学校教育教学活动的规范和规定，是学校凝聚力的基本保证。学校课程制度建设是推动课程校本化实践的内在需求，也是保证课程制度落地的必要保障。根据学校发展实际，我们制作了《三亚市第九小学制度汇编》，主要分为行政管理制度、教学管理制度、德育管理制度、后勤管理制度、电教管理制度五大方面的内容，专门设立《课程建设专项制度》《水滴课程开发制度》《学生选课制度》《课程达人评选制度》《五星社团展评制度》等。学校规章制度的制定和完善，有力地保障课程可持续发展，有力地控制学校课程改革和教学行为向教育目标的实现，为课程改革保驾护航，并向在课程建设中表现优秀的老师倾斜，帮助老师找到专业成长的生长点，给老师更多展示自我的机会，引导老师关注学校的变革，加深对学校文化的理解，提高文化认同感，让越来越多的老师能自觉主动地投入到学校的各项工作中。

二、加强课程制度管理，注重挖掘课程内在价值

课程的管理、开发必须以国家教育方针为指导认真落实《基础教育课程改革纲要（试行）》的基本精神，坚持学生为本、教师为本的理念，深化实施素质教育，不断优化课程结构，注重挖掘和开发各种课程的内在价值和潜力，调动学校、教师的课程开发的积极性，使得学校课程适应学校和学生的特殊需要，体现办学特色。

在课程管理制度建设中，我们确立"针对学校，面向课程，凸显个性，动态发展"的动态管理目标。首先，针对学校。以学校为基础，挖掘资源，发挥优势，弥补

短板,体现学校文化特色。其次,面向课程。精心分析课程实施环境和条件、课程目标实施过程课程组织建设、课程实验和课程评价,使得学校课程成为一个科学高效的体系,并凸显个性特色。既要充分考虑到学生的兴趣、爱好和个性,也要充分考虑到教师的兴趣、爱好和个性,并使学生、教师的个体倾向性有机结合起来,最后,实现动态发展。也就是在课程实施和建设过程中,根据教育教学发展的实际情况,结合学校、学生、教师的发展情况,契合教育的外部社会要求,不断完善课程建设,不断修改不适应形势发展的内容,增加课程体系的弹性和适应性。

三、优化课程实施管理,发挥教师创造性

在校课程建设和实施过程中,我们成立了学校课程建设小组,对于教研组、学科组、骨干教师开发的课程进行指导、检查、促进和评价。经过学校审查可以开设的课程,由学校课程教学部在全校范围进行公开、公示,从而,保证课程建设的民主性。课程发展部跟踪管理课程实施情况,通过备课、课堂教学环节、课业、考试、学生反馈等,有效及时地掌握课程实施效果。

与此同时,进一步加强教师队伍管理,要求教师按照课程进度组织实施教学,在课程实施过程中,既要认真听取学生的反馈意见,也要认真听取同科类教师的反馈意见和建议,并根据课程实施情况作出及时的调整。教师根据课程实施自己编制的讲义、课件等,必须经过学校课程教学部审核。教师开设课程的情况、效果,经过课程小组、教研组和课程教学部审查,一并进入教师考核档案,成为教师评优、评先、晋级等的重要依据。

（撰稿人：陈梦甦）

后　记

　　每一滴汗水,都是付出;每一份努力,都是感动;每一步成长,都是收获;每一次等待,都是值得! 历经 9 年磨砺,"小水滴"课程构建与实施的成果终于定稿付梓,有破茧成蝶的喜悦,也有耕耘收获的欣慰。

　　时光回溯到 2012 年,学校开始挖掘海洋资源,给学校赋予海洋的自然禀赋,着力打造海洋特色,让海洋文化在老师和孩子们的心中悄然播种、生根、萌芽、成长,最后聚流成河,汇集成海,成就这片深邃的蔚蓝……

　　这是一艘众人划桨的大船,这是众志成城的硕果。从顶层设计到课程方案,从课程的校本化实施到课程创生,课程评价体系的设计……学校课程得以不断丰富、完善、创造。路虽难但脚步未曾停歇,山虽高攀登从未间断,一项项成果如珍珠出壳,串连成美丽的珍珠项链,绽放出温润而迷人的光彩。耕耘的收获也不仅仅在于收成,这聚沙成塔的征程,也培养了孩子,锻炼了教师,成就了学校。

　　这是集智攻关的积累,这是挥洒汗水的结晶。博观而约取,厚积而薄发。在上海市教育科学研究院杨四耕教授的指导下,学校组建了课程团队,大家在完成本职工作的同时,利用课余时间笔耕不辍。多少次"三更灯火五更鸡",灯火辉煌的课程教学部留下教师们奋笔疾书的身影;多少次"夜半无人私语时",气氛热烈的课程研讨会记录着团队的执着与追求,一次次组稿,一遍遍修改,课程构建在反复中清晰,教学成果在讨论中成形。没有这群"九小人"的不懈坚持,就没有"小水滴"的梦想成真。

　　此书能够出版,凝聚了太多人的心血,离不开各方的支持和帮助。感谢杨四耕教授的倾心指导，他用独特的智慧，引领我们一步一步走向成功的彼岸。多少次的面对面交流，多少次的视频在线，精雕细刻，精益求精，"小水滴"课程厚实而饱满！

感谢在学校课程改革路上帮助我们的韩立芬主任，她多次指导我们课程开发与实施，让我们的课程改革之路越走越坚定！感谢辛勤耕耘的老师们，"小水滴"课程浸透着你们的汗水，让我们把最深沉的祝福献给勇于拼搏的全体教职工！"小水滴"课程也离不开孩子们赋予的生命力和创造力，离不开同心协力、密切合作的家长，在此一并表示感谢！

吕　锐

2022 年 2 月 25 日

"品质课程"阅读书目

学校整体课程规划	978-7-5760-0423-6	48.00	2022 年 1 月
推进育人方式变革的区域教学改进研究	978-7-5760-2314-5	56.00	2021 年 12 月
学校整体课程规划的七个关键	978-7-5760-0424-3	62.00	2021 年 3 月
课堂教学的 30 个微技术	978-7-5760-1043-5	52.00	2020 年 12 月
教学诠释学	978-7-5760-0394-9	42.00	2020 年 9 月

品质课程聚焦丛书

自组织课程：语文学科课程群新视角	978-7-5760-1796-0	48.00	2021 年 12 月
数学作为学习共同体：一种新的数学课程观	978-7-5760-1746-5	52.00	2021 年 12 月
学科育人的整体课程范式	978-7-5760-2290-2	46.00	2021 年 12 月
聚焦育人质量的学科课程设计	978-7-5760-2288-9	42.00	2021 年 11 月
活跃的学习图景：学校课程深度实施	978-7-5760-2287-2	48.00	2021 年 11 月
学科文化：英语学科课程新视角	978-7-5760-2289-6	48.00	2021 年 12 月
课程联结：学科课程群设计方法	978-7-5760-2285-8	44.00	2021 年 12 月
数学学科课程决策：专业视角	978-7-5760-2286-5	40.00	2021 年 12 月
特色项目课程：体育特色课程的校本建构	978-7-5760-2316-9	36.00	2021 年 12 月
进阶式探究课程设计：学科整合视角	978-7-5760-2315-2	38.00	2021 年 12 月
赋能思维：中学数学学科课程群设计	978-7-5760-2593-4	42.00	2022 年 4 月
语文学习维度与学科课程设计	978-7-5760-2592-7	42.00	2022 年 4 月
提升学校课程品质	978-7-5760-2596-5	52.00	2022 年 6 月
活跃学校课程实施	978-7-5760-2595-8	50.00	2022 年 6 月
确定学校课程哲学	978-7-5760-2594-1	44.00	2022 年 6 月
建构学校课程框架	978-7-5760-2597-2	48.00	2022 年 6 月

特色学校聚焦丛书

儿童是天生的探索者：360° 科学启蒙教育	978-7-5675-9273-5	36.00	2020 年 2 月
做精神灿烂的教师：教师自我成长的 5 个密码	978-7-5760-0367-3	34.00	2020 年 7 月
让教育温暖而芬芳	978-7-5760-0537-0	36.00	2020 年 9 月

快乐教育与内涵生长	978-7-5760-0517-2	46.00	2020 年 12 月
故事教育与儿童发展	978-7-5760-0671-1	39.00	2021 年 1 月
美好教育：学校内涵发展的循证研究	978-7-5760-0866-1	34.00	2021 年 3 月
把美好种进儿童心田	978-7-5760-0535-6	36.00	2021 年 3 月
倾听生命的天籁："天籁教育"的实践与探索	978-7-5760-1433-4	38.00	2021 年 9 月
为了每一个孩子的美好心愿	978-7-5760-1734-2	50.00	2021 年 9 月
向着优秀生长："模范教育"的理念与实践	978-7-5760-1827-1	36.00	2021 年 11 月
让个性自然发荣滋长："引发教育"的理论寻源与实践探索			
	978-7-5760-2600-9	38.00	2022 年 3 月

📖 跨学科课程丛书

大情境课程：主题设计与创意评价	978-7-5760-0210-2	44.00	2020 年 5 月
社会参与素养的培育模型与干预机制	978-7-5760-0211-9	36.00	2020 年 5 月
大概念课程：幼儿园特色主题活动设计	978-7-5760-0656-8	52.00	2020 年 8 月
项目学习：进入学科的课程智慧	978-7-5760-0578-3	38.00	2021 年 4 月
STEAM 课程的设计与实施	978-7-5760-1747-2	52.00	2021 年 10 月
幼儿个性化运动课程	978-7-5760-1825-7	56.00	2021 年 11 月
幼儿园特色课程的框架与实施	978-7-5760-2598-9	48.00	2022 年 3 月

📖 核心素养导向的课堂教学丛书

转识成智的课堂教学：核心素养导向的历史教学			
	978-7-5760-0164-8	40.00	2020 年 5 月
学导式教学：学会学习的教学范式	978-7-5760-0278-2	42.00	2020 年 7 月
高阶思维教学的关键技术	978-7-5760-0526-4	42.00	2021 年 1 月
会呼吸的语文课：有氧语文的旨趣与实践	978-7-5760-1312-2	42.00	2021 年 5 月
高阶思维教学的核心指向	978-7-5760-1518-8	38.00	2021 年 7 月
磁性课堂：劳动技术课就这样上	978-7-5760-1528-7	42.00	2021 年 7 月
核心素养导向的作业设计	978-7-5760-1609-3	40.00	2021 年 8 月
语文，让精神更明亮	978-7-5760-1510-2	42.00	2021 年 9 月
"六会"教学法：基于核心素养的课堂教学	978-7-5760-1522-5	42.00	2021 年 9 月

深度教学的内在维度：数学反思性学习的六个策略

| | 978-7-5760-2590-3 | 36.00 | 2022 年 3 月 |

具身学习的 18 种实践范式 978-7-5760-2591-0 38.00 2022 年 6 月

课堂是照亮彼此的地方 978-7-5760-2621-4 46.00 2022 年 7 月

📖 特色课程建设丛书

教师，生长的课程	978-7-5760-0609-4	34.00	2020 年 12 月
学校课程发展的实践范式	978-7-5760-0717-6	46.00	2020 年 12 月
丰富学习经历：如歌式课程的愿景与深度	978-7-5760-0785-5	42.00	2020 年 12 月
学科课程群设计方法	978-7-5760-0579-0	44.00	2021 年 3 月

学校美育课程的立体建构：菁华园课程的逻辑与框架

| | 978-7-5760-0610-0 | 36.00 | 2021 年 3 月 |

关键学习素养与学科课程设计	978-7-5760-1208-8	34.00	2021 年 4 月
学校课程设计：愿景建构与深度实施	978-7-5760-1429-7	52.00	2021 年 4 月
生长性课程：看见儿童生长的力量	978-7-5760-1430-3	52.00	2021 年 4 月
"慧阅读"课程：儿童视角	978-7-5760-1608-6	42.00	2021 年 6 月
幼儿园特色课程的框架与实施	978-7-5760-2598-9	48.00	2022 年 3 月
课程是鲜活的："大视野课程"的旨趣与活性	978-7-5760-2599-6	42.00	2022 年 7 月
指向核心素养培育的学校课程图谱	978-7-5760-2624-5	42.00	2022 年 7 月